여성 이미지의 사회학적 담론

그림에서
여성을 읽다

여성 이미지의 사회학적 담론

그림에서 여성을 읽다

발행일   2016년 02월 25일

지은이   이 은 주
펴낸이   손 형 국
펴낸곳   (주)북랩
편집인   선일영   편집   김향인, 서대종, 권유선, 김성신
디자인   이현수, 신혜림, 윤미리내, 임혜수   제작   박기성, 황동현, 구성우
마케팅   김회란, 박진관, 김아름
출판등록   2004. 12. 1(제2012-000051호)
주소   서울시 금천구 가산디지털 1로 168, 우림라이온스밸리 B동 B113, 114호
홈페이지   www.book.co.kr
전화번호   (02)2026-5777   팩스   (02)2026-5747

ISBN   979-11-5585-938-4 03330(종이책)   979-11-5585-939-1 05330(전자책)

이 도서의 국립중앙도서관 출판예정도서목록(CIP)은 서지정보유통지원시스템 홈페이지(http://seoji.nl.go.kr)와
국가자료공동목록시스템(http://www.nl.go.kr/kolisnet)에서 이용하실 수 있습니다.
(CIP제어번호: CIP2016004305)

성공한 사람들은 예외없이 기개가 남다르다고 합니다.
어려움에도 꺾이지 않았던 당신의 의기를 책에 담아보지 않으시렵니까?
책으로 펴내고 싶은 원고를 메일(book@book.co.kr)로 보내주세요.
성공출판의 파트너 북랩이 함께하겠습니다.

여성 이미지의 사회학적 담론

그림에서 여성을 읽다

이은주 …

북랩 book Lab

/ 사랑하는 딸 재효에게 /

프롤로그

고대부터 내려오는 미술작품이나 문학에는 많은 여성이 등장한다. 작품 속 여성들의 이미지를 통해 우리는 그 시대가 규정짓고 요구하는 여성상을 잘 발견할 수 있다.

역사적으로 여성의 이미지는 철학적 사유를 바탕으로 정치적, 종교적 환경에 따라 변화되면서 남성적 가치와 결부되어 묘사되었고 평가되어 왔다. 그리고 그 이미지는 사회적 규범으로 고착되어 모범적인 여성성을 제시해 왔을 뿐 아니라 이러한 규범적 역할을 학습시킨 주요한 수단으로 이미지 예술로 이용되어 순환적 고리를 형성하면서 여성성의 이미지로 고착되어 왔다. 그러나 역으로 때론 규범에 저항하는 진보적 여성상을 제시하는 수단으로 예술이 사용되기도 해, 예술작품 속에 나타난 여성의 이미지를 찾아보는 것은 사회적 논쟁을 발견할 수 있는 계기가 되어 흥미로움을 선사한다.

명화나 예술작품에 나타나 있는 여성 이미지의 사회학적 이야기를 풀어가기 위해서는 역사를 떠나 설명하기 어렵다. 이는 시대마다 요구하는 여성상이 조금씩 다르고, 사회적 배경에 따라 여성의 이미지가 변화되어 왔기 때문이다. 시대마다 제시되었던 여성성의 이미지는 사회문화적 요인들의 결합으로 규정되었으며, 여기에 남녀가 결합하는 결혼제도는 독립적인 여성보다는 남성과의 관계를 통해 형성되는 여성의 이미지를 만들어 오랜 역사 속에서 답습되어 왔다. 그러나 1960년 말, 기존 사회구조에 대한 비판이 세계 곳곳에서 나타나고, 전통을 부정하는 발판이 만들어지는 사건들 속에서 여성문제도 예외가 아니었다. 여성들은 억압된 지위와 수동적인 삶에 대한 반기를 들면서 여성해방, 여성평등운동이라는 획기적인 전환기를 맞게 되었다. 강한 눌림의 반등이 크듯 여성운동은 때론 파격적으로 나타나기도 했지만, 이러한 반등은 남성과 구별되는 여성성에 대한 가치를 재해석하고 더 나아가 정치, 사회, 문화에 영향을 주게 되었다.

한편, 시대적 사건 속에서 여성을 바라보는 시각의 변화는 사회학적 의미를 가지게 된다. 사회학적 성의 구별인 젠더에 대한 시각은 모성을 기반으로 하는 자녀와의 관계에서부터 출발하여 남녀 간의 사랑인 부부와 연인관계, 직장에서의 남녀평등, 여성성과 남성성의 가치 등 사회의 인간관계와 규범, 그리고 인간의 물적, 감정적 환경에 중요한 영향을 주었다. 또한 이러한 여성성의 가치와 규범은 사회문화 속에 내재되어 왔으며 예술을 통해 표현되면서 세대를 거쳐 사회화되고 학습됐다.

예술의 가치는 인간의 정신적인 가치와 상응되는 것으로 매슬로가 규정지은 인간 욕구의 가장 윗단계로, 인간이 지닐 수 있는 최상의 욕구이다. 이러한 예술이 표현한 여성의 이미지에는 작가의 감정 표현과 미적 가치 등 다양한 요소들이 있다. 다른 한편으로는 교육적 역할과 더불어 사회의 진실과 규범을 알리는 사회정의의 가치도 포함하고 있어, 새로운 인식과 다른 시각을 제시하는 양면성을 지니고 있다. 그러므로 그림은 이미지로 표현된 미적 가치, 시대의 사회적 규범과 삶의 진실을 알리는 사회도덕적 가치, 그리고 생활양식과 의식을 소재로 함으로써 문화적 가치도 함께 지니고 있다. 여성을 주제로 한 수많은 그림은 주로 남성들의 우월적인 권력 표현 도구로써 여성의 이미지를 표현했을 뿐 인격적인 독립적 개체로서 여성을 표현하지 않았다. 이러한 해석은 이미 미술평론가와 역사학자들에 의해 다측적인 관점에서 이야기되어 왔다.

이 책은 명화 속에 들어 있는 여성들의 이미지를 포착하여 여성성 변화에 대한 사회학적 해석에 초점을 맞추고 있다. 시대적 상황, 사회 질서, 종교, 심지어 인간의 내면까지도 드러내고 있는 그림을 통해 여성에 대한 사회적 시각의 변화, 종속적 이미지에서 독립적으로 변화되는 과정, 여성성과 모성성의 교차가 실어내는 사회적 규범, 남성들의 시각에서 표현되는 여성성, 여성 스스로 객관적 자기화와 주관적 자기화 등 수동적 이미지에서 능동적으로 바뀌는 여성과 각 시대와 사회에서 여성을 바라보는 객관적인 시각을 기반으로 하는 여성 이미지의 사회학적 담론을 명화 속에서 전개해 보고자 한다.

역사성으로 기록된 여성의 이미지를 현대적 시각에서 읽기 때문에 각 시대가 제시했던 규범이나 규칙에서 벗어나 객관적인 평가가 가능하지만, 이 또한 오늘이라는 시간으로만 한정되는 해석의 제한도 있다.

그럼에도 불구하고 오늘날 많은 변화와 개혁을 통해 탈바꿈되고 있는 여성 이미지의 역사적 변화과정을 어떠한 방식을 통해서라도 한 번 쯤 뒤돌아보고 싶은 욕구가 컸다. 그래서 부족함이 많지만, 함께 생각 해 보고자 하는 바람으로 그림 속 여성들의 이미지를 추적해 보았다.

I
객체로서의
여성

1/
여성 이미지의 근원, 이브

　남자와 여자의 관계를 설명하는 다양한 이론이나 많은 해석 중에 이브 탄생 신화만큼 남녀관계의 위계질서를 명확하게 제시하고 있는 것은 없다. 아담의 갈비뼈로 만들어진 이브는 탄생부터 이미 아담과는 동등한 개체가 아님을 강조하고 있다. 아담의 몸에서 만들어진 이브의 상징적 의미는 크게 두 가지로 설명할 수 있다.

　하나는, 아담의 몸에서 나왔기 때문에 아담이 존재하여야만 있을 수 있는 존재의 종속성이다. 성서적 해석으로 보면 야훼가 만물을 창조한 후 혼자 있는 아담의 외로운 모습이 안쓰럽고 좋아 보이지 않아 그의 몸 일부로 여자를 만들었다고 했다. 이 성서 내용을 단순하게 문자로만 해석하면 이브 존재의 목적은 오직 단 하나, 아담을 위한 것으로 명확하게 제시되어 있다. 물론 이러한 문자적인 단편적 해석 외에도 성서학자들의 다층적 해석과 생물학자와 사회학자들의 다양한 분석은 이미 많이 발표되었다. 그러나 탄생 신화 이야기 속에는 이브 존재의 근원을 아담에 두고 있어서 이브의 독립적인 개체성과 아담과 동등한 지위는 명백하게 부인되어 있다. 아담과 이브의 관계는 차별적인 성별 지위의 원형으로 제시되어 이브 후예인 여성들은 남성의 그늘에서 살아야 하는 수동적인 태도를 가질 수밖에 없었다. 이러한 남녀의 위계질서는 가부장적인 문화가 강하게 존재하는 남성 위주 사회 속에서 문화적 규범과 결합하여 남녀의 차이는 평등적 차이가 아닌 주종의 차별로 강화되어 남녀의 불평등한 지위가 사회화되었다. 이와 같이 아담으로부터 존재한 이브의 탄생은 남녀가 평등할 수 없는 종속성을 여성성의 주요한 특성으로 제시하고 있다.

이브가 지닌 두 번째 상징적 의미는 유혹의 근원, 신에 대한 불복종, 호기심의 실체이다. 선과 악을 구별할 줄 아는 능력을 주는 사과에 대한 유혹을 견디지 못한 이브는 하느님 야훼를 거역한 죄목에다 순진한 아담을 가담시킨 죄까지 추가가 된다. 이러한 이브의 태도는 인간이 지닌 한계일 수도 있으나 역사는 인간의 본질적인 특성으로 설명하기보다는 여성의 성격이나 태도로 강조하면서 남성과 비교되는 여성의 나약함과 원죄로 정의한 여성의 이미지로 인류 역사와 함께 오늘날까지 유효하게 인지되고 있다. 이러한 차별적인 여성의 특성을 나타내고 있는 문학작품과 미술작품들은 후세에서도 얼마든지 찾아볼 수 있다. 구약에 등장하는 롯의 아내가 갖고 있었던 호기심은 이브의 호기심과 동일한 연장선 상에서 부정적인 여성 이미지를 강화하였으며 여성은 원죄로 인해 출산의 고통이라는 보속을 치르면서도 여전히 죗값을 치러야 하는 짐을 지고 있다. 그러나 이러한 이브와는 다르게 아담은 여성의 유혹에 넘어가 낙원에서 쫓겨나게 된 피해자의 이미지로 각인되면서 죄의 면제권을 받았다. 여성의 의견에 약하게 넘어가는 남성의 유약함과 옳지 못한 제안에 기꺼이 '아니다'라고 하지 못한 결단력과 용기가 없었던 아담의 잘못은 여성의 유혹이라는 죄로 은폐된 셈이다. 이는 당시 히브리 문화와 그들의 가부장적인 편견이 여성을 비하하고 남성을 옹호한 것으로 해석할 수 있지만, 이렇게 시작된 남녀차별은 2,000년이 지난 오늘날에도 여성들을 불평등한 차별로 내몰고 있다.

낙원에서 추방되고 있는 그림에 나타난 아담과 이브의 표정이 매우 흥미롭다. 죄를 알게 되고 낙원에서 쫓겨나는 순간을 표현한 두 사람의 표정은 매우 큰 차이를 보여 주고 있다. 화가는 아담의 고통스러운

에덴동산에서의 추방(1426~1427), 마사치오 디 산 지오바니니(Masaccio di San Giovanni), 피렌체, 산타 마리아 델 카르미네 수도원 성당 소장.

그림에서 여성을 읽다

얼굴을 손으로 가려 주어 아담을 세상 사람들과 관객들의 질타로부터 보호하려는 의도를 짐작할 수 있다. 반면 이브의 얼굴에는 통한, 부끄러움, 후회, 고통 등 여러 가지 감정들이 섞여 고통의 결정체적인 표정을 하나도 가림 없이 그대로 드러내고 있어 이브의 고통을 극대화하면서 이브의 죄를 다시 한 번 강조하고 있는 듯하다. 바로 이점에서 우리는 여성의 또 다른 이미지를 역설적으로 해석해 볼 수 있는데 그것은 남성과 함께 지은 죄에 대한 대가를 혼자서 받아내야 하는 희생적인 이미지이다. 희생의 의미는 타의적인 것보다는 자의적인 의지가 더 강하지만 역사적으로 보면 여성들은 대부분 타의적으로 강요된 희생이 더 많았다. 희생을 헌신으로 바꾸는 여성의 심성은 남성들의 시각 밖에 있었기 때문에 역사적 기록에서 늘 배제되었던 여성의 감성적 행동이다. 이브가 아담을 위해 헌신했던 것은 아니지만, 아담의 몫까지 죗값을 받고 있는 이 모습은 여성의 희생적인 삶을 예고하고 있다.

성경의 디모데전서(2:12-14)에서 "나는 여자가 남을 가르치거나 남자를 다스리는 것을 허락하지 않습니다. 여자는 조용해야 합니다. 사실 아담이 먼저 빚어졌고 그다음에 하와가 빚어졌습니다. 그리고 아담이 속은 것이 아니라 여자가 속아 넘어가서 죄를 지었습니다."라고 전하듯이 성경에서조차 남성의 면제와 여성의 죄를 강조하고 있다. 결혼으로 한 몸이 되면서 평등하게 분배되는 부부간 책임의 분배가 공평치 못하다는 느낌도 든다. 남성과 여성의 다름을 통해 완성되어 가는 인간의 평형된 삶이 너무 한쪽으로 기울어져 있는 것은 인간의 역사가 시작된 이 순간부터 존재한 것이다. 이러한 원죄 근원인 이브의 부정적인 이미지는 더욱 발전하여 특히 중세 그리스도교에서는 공공연하게 여성을 비하하고 그것도 모자라 여성을 악마로 비유하여 여성과 악마를 동일시하였다. 성 베르나르(Bernard)는 "이브는 온갖 악의 근원이며 그녀의 더러운 죄는 후세의 모든 여성에게 인계되었다."라고까지 했다.

격노한 메데이아(1862), 외젠 들라크루아(Eugène Delacroix), 파리, 루브르 박물관 소장.

이러한 악의 근원인 여성의 이미지는 이브 이후에도 꾸준히 존재하여 왔다. 위의 그림은 그리스 신화에 나오는 잔인한 여인 메데이아가 자신의 두 아들을 죽이는 장면이다. 메데이아의 이 행동은 다른 상황들과 연결하여 좀 더 자세한 설명이 필요하겠지만, 결론만 보면 이 여인은 자신의 동생은 물론 전남편과 재혼한 여성을 죽이고, 결국은 자기 아들까지 죽인 악녀의 대표적인 인물로 등장했다. 이 그림 외에도 여성이 악마의 이미지로 표현된 예술작품은 중세 이전에 건축된 건물의 조각에서도 쉽게 찾아볼 수 있다.

그러나 아이러니하게도 많은 예술작품에 나타나 있는 여성 육체에 대한 심미적 가치는 죄를 갖고 악마로 해석되고 있는 심성의 이미지와는 전혀 다르게 표현되어 왔다. 극한의 절망과 후회로 표현된 이브의 표정과는 상반되는 이브 몸의 아름다움은 신의 능력을 보여 주는 미의 완전함을 나타내고 있다는 해석도 있다. 어찌 보면 이러한 대조적인 이미지가 외모의 아름다움과 내면의 악마성을 지닌 여성들의 이중성을 강조하고 있는지도 모른다. 그러나 이러한 죄의 근원으로 표현된 이브 이미지는 남성들만의 해석으로 나타난 결과이자 남성들의 전략으로 해석할 수 있다. 가부장제 사회에서 권력을 유지하려는 남성들은 구약과 신화의 내용에서 부정적인 여성 이미지만을 선택하여 이를 극대화함으로써 자신들의 권력을 다져온 것이다. 여성성과 비교하지 않고 순수하게 남성성만으로는 자신들의 권력에 대한 설득력과 합의를 끌어내는 데 한계를 느낀 남성들이 여성과의 비교를 통해 자신들의 우월성을 성취하려는 의도도 부정할 수 없다. 이처럼 이브의 탄생에서부터 시작된 여성의 이미지는 남성들의 전략적 시각으로 반쪽으로만 해석된 이미지로 역사에 남아 오늘날까지 남녀의 성적 불평등을 만들어 왔다.

2/
성모마리아의 모성성

마니피캇의 성모마리아(1481), 산드로 보티첼리(Sandro Botticelli), 피렌체, 오피스 갤러리 소장.

중세시대에는 기독교의 영향력이 지배적이었기 때문에 대부분 그림의 주제는 성서 내용으로, 당시 기독교 교리의 교육적인 목적으로 많이 사용되었다. 특히 구약의 시대를 지나 예수 탄생과 함께 등장한 신약성경의 내용은 여성의 이미지를 변화시키는 데 중요한 역할을 하였다. 물론 신약 이후 중세시대에도 악마와 죄인으로 표현된 여성 이미지는 계속되어 왔으나, 르네상스를 전후로 성모마리아가 그림에 등장하면서 여성의 이미지는 모성의 이미지로 완전 탈바꿈을 하게 된다. 이렇게 변화된 여성 이미지는 종교 교육은 물론 새로운 여성 역할을 제시한 사회 교육적 기능으로도 이용되었다. 예수를 출생한 성모마리아의 이미지는 그동안 평가되지 않았던 여성 고유의 모성성 가치를

뱀을 밟고 있는 성모마리아와 아기 예수 (1605~1606), 카라바조(Caravaggio), 로마, 보르게세 미술관 소장.

부각시켰으며, 이후 모성성의 원형으로 제시되었다. 성모마리아의 역할은 이미 구약성서 내용에 언급된 바와 같이 죄와 유혹의 상징인 뱀의 머리를 밟아 원죄를 없애고 죗값의 짐을 지고 있는 이브 안에서 모성성을 끌어내어 악의 근원을 복의 근원으로 바꾸는 전폭적이고 놀라운 반전으로 새로운 여성 이미지의 모델을 제시한 것이다.

수태고지(1430~1432),
프라 안젤리코(Fra Angelico), 피렌체,
산마르코 수녀원 소장.

예수 잉태의 신호를 알리는 수태고지는 르네상스시대에 많은 화가들의 주제가 된 성경 내용으로, 지금도 유럽 미술관에서 쉽게 만나볼 수 있는 그림이다. 하느님의 천사인 가브리엘이 처녀인 마리아를 찾아가 임신을 알리는 이 장면은 인간성을 초월하여 성령의 힘으로 임신을 하게 되는 신학적 메시지가 주요 핵심이다. 또한 이러한 하느님의 메시지에 "저는 주님의 몸이오니 그대로 되소서!"라는 마리아의 회답은 기독교 신자들의 하느님에 대한 절대 순명의 태도를 단 한마디의 구절로 압축한 강한 메시지를 제시하고 있다. 그러나 이러한 성서적 해석을 차치하고 이후 마리아의 모습은 여성의 모성성을 보여 주는 강렬한 이미지로 모성의 의미에 중요한 단초를 제공한다. 성서가 의미하는 예수 잉태의 본질과 원의를 떠나 자녀를 잉태한 여성, 즉 모성성은 여성의 사악하고 나약한 이미지를 완전히 바꾸는 여성 이미지 해석에 큰 전환점 역할을 했다.

이전에도 교회 내에서의 마리아에 대한 찬미는 꾸준히 존재하였으나, 찬미의 절정을 이루는 13세기에 이를 계기로 여성의 사회적 지위에 변화가 시작되었다는 해석도 있다. 그럼에도 불구하고 이후 몇 세기 동안은 여전히 이브로 인한 여성의 원죄는 마리아 찬미와는 별개로 보속받지 못했다. 그러나 신약성서의 디모테오에게 보내는 서간에는 다음과 같은 조건으로 여성의 죄에 대한 보속을 주고 있는데, 그 핵심이 바로 모성성이다. "그러나 여자가 자식을 낳아 기르면서 믿음과 사랑과 거룩함을 지니고 정숙하게 살아가면 구원을 받을 것입니다."(디모테오에게 보낸 첫째 서간 2:15) 믿음, 사랑, 거룩함은 인류가 지녀야 하는 인성의 초석이 되는 것으로, 단지 여성만이 지녀야 하는 덕목은 아니다. 단지 이 구절에서 강조하는 것은 자녀를 가짐으로써 얻어지는 모성성이다.

즉, 이브와 마리아의 상반된 이미지는 자녀가 개입됨으로써 반전을 가질 수 있었다. 최초의 인류인 이브와 아담 사이에는 당연히 자녀가 존재한다. 그렇지 않았다면 지금의 인류가 존재하겠는가? 그러나 이브 신화의 내용에는 자녀에 대한 내용이나 모성에 대한 기록은 찾아볼 수 없다. 반면 예수를 잉태한 마리아는 자녀와 모성에 집중되는 어성의 새로운 이미지와 그 가치에 대해 문을 연 중요한 역할을 하게 된다. 자녀의 개입으로 악마에서 천사로 바뀌는 여성의 이미지는 자녀의 중요성보다는 자녀로 인해 얻게 되는 모성성의 본질을 의미한다. 그러나 역사는 늘 남성의 시각에서 해석되고 정의되어 왔기 때문에 당시 이러한 모성성의 제시 역시 남성들의 의도적인 전략과 함께 교회의 선교 전략 중 하나이기도 했다. 즉, 교회와 모성을 상징적으로 동일시하여 성모마리아의 모성 역할을 교회의 역할로 상징화한 것이다.

여기에는 두 가지 목적이 내재되어 있는데 하나는 모성의 온화한 이미지로 자녀를 위해 희생하고 포용하고 이해하는 어머니의 이미지를 가난하고 힘없는 사회적 약자들을 포용하고 보호하는 교회 기능과 역할로 동일시하면서 성모마리아의 모성성을 적극적으로 알리기 시작한 것이다. 이러한 종교적 목적으로 여성들의 모성 역할, 가정 역할은 종교교육과 사회교육으로 발전되어 수세기를 여성의 규범적 역할로 자리매김하였다.

둘은 자녀와의 친밀감이 높은 모성성을 남성인 신과의 교류를 중재하는 중재자로서 상징화한 것이다. 남성으로 상징되는 엄격한 이미지를 가진 신이 인간에게 보여 주는 사랑, 온유, 배려, 베풂, 인내, 용서를 온화한 어머니인 마리아를 통해 인간에게 쉽게 전달됨을 교육하여 신자들이 교회에 더 친밀하게 다가오도록 한 선교의 목적이 있었다. 이와 같이 마리아의 모성성에는 인간이 신에게 쉽게 다가갈 수 있는 중재자의 상징성과 생활신앙의 모범성, 그리고 신자들의 고통을 좀 더 인간적인 차원에서 치유하는 보호성을 함유하고 있다. 이러한 성모마리아의 완벽한 이미지는 일반 여성들의 규범적 존재로 상징화되어 여성들의 모범적인 생활 행동은 물론 모성성을 요구하는 계기가 되었다.

엘리사벳 가족과 함께 있는 성모마리아 가족(1530), 베르나르디노 루이니(Bernardino Luini), 밀라노, 베네란다 앰브로지아나 도서관 소장.

모성성은 성적 의미를 지닌 여성성보다는 좀 더 높은 차원으로 성적인 이미지의 여성성과 확실히 구별되었다. 그러나 한편으로 이러한 모성성은 주로 가정 내에서 이루어지는 자녀 양육과 교육을 담당하는 역할로 사회활동을 하는 남성의 역할과 분리되어 여성은 가정, 남성은 사회라는 성별 역할의 이분법적 구분을 확실하게 규정짓기도 했다.

이후 이 역할 분담은 사회적 규범이 되어 모성 역할의 도덕적 의무감을 여성에게 부여하고 독립적인 여성의 자아 찾기를 단단히 봉쇄하면서 가족을 위한 희생과 종속적인 여성상을 함께 강화해 왔다. 더 나아가 여성들의 사회활동을 제한하여 주체적인 인격체가 되는 것을 저지하는 주요한 요인이 되기도 했다. 이처럼 사회 환경적 요인과 결부되어 강화된 여성의 모성성은 결국 가부장적인 남성 지배적 판단에서 기인한 차별화된 여성의 이미지였음을 충분히 짐작해 볼 수 있다.

그렇다면 '남성이 보는 모성성은 여성성과 어떻게 다르고 여성들이 인지하는 이 둘의 차이는 무엇인가?'라는 질문과 함께 여성들이 지니고 있는 모성성의 중요성과 이를 강조한 특정 시대의 사회적 변화는 무엇이었기에 여성의 모성성을 이리도 강조했는가에 주목해 볼 필요가 있다. 중세시대 수도사들이나 남성 신자들의 마리아 숭배는 일반 여성과는 전적으로 차별되는 전혀 다른 여성성이다. 즉, 성모마리아에게는 성적 이미지를 가진 여성성이 철저히 배제되고 모성성만이 존재한다. 남성들의 인식 속에는 여성 내부에 있는 다양한 이미지에 대한 이해가 없었기 때문에 여성성과 모성성은 여성들 내부에 함께 존재하는 특성으로 인지하지 못하고 여성성으로 대하는 여성과 모성성으로 대하는 여성들을 명확하게 구별하였다. 그러므로 남성들은 여성의 이미지를 완전히 다른 두 개로 구분하여 성적인 여성은 소유물이나 피지배자로 인식하였으며 모성으로서의 여성에게는 활동 장소를 가정으로 제한하고 가족을 위한 희생적 도구나 남성들의 생활적 수단으로 인식하여 남성 위주의 문화를 더욱 확고하게 하였다. 이와 같이 모성성은 그 가치가 사회적으로 인정된 면 보다는 남성의 가부장적 위계질서를 강화하는 도구적 역할로 더 이용되었던 측면도 있다.

　이러한 남성적 시각에서 제시된 모성성의 이미지는 유교문화에서도 발견되어 동서를 막론하고 모성은 여성의 모든 가치를 함축하고 있지만 반면에 여성들의 행동반경을 가정이라는 울타리로 제한하여 사회와의 소통을 차단하였다.

자모육아도(18세기),
신한평, 서울, 간송 미술관 소장.

주유청강舟遊淸江(18세기 후기),
신윤복, 서울, 간송 미술관 소장.

조선시대 풍속도에 등장하는 여성의 이미지는 크게 두 개로 구분이 된다. 하나는 아이에게 젖을 물리고 있는 모성의 이미지이고, 또 다른 하나는 남성들의 유희적 도구인 기녀의 이미지이다.

일반 가정 여성들의 모범적 이미지는 자녀를 키우는 모성성만을 강조하고 있어 이들 안의 성적 욕망을 지닌 여성성은 사회적 규범으로 철저하게 차단했다. 결혼 후 지아비 그늘에 들어간 여성들의 성적 표현은 금지되고 집안일에만 충실하도록 교육되었다. 반면 성적 매력을 표현할 수 있는 것은 직업적으로 성매매를 하는 여성들로만 제한하여 남성들은 자신들의 성적 욕구에만 집착했을 뿐, 집에 있는 부인의 성적 욕구는 등한시하였다. 여기에 남성들의 이기적인 심성은 모성의 역할은 도덕적 가치로 인정하지만, 자신들의 성적 도구였던 성매매 여성들을 폄하하는 이중적 잣대로 남성의 권력을 강화했다. 이러한 남성의 판단은 사회문화 속에서 암묵적으로 인정되어, 남성을 위한 여성들의 이분법적 역할 구분과 차별적 상황은 대부분 일반 여성들에게 모성성의 도덕적 가치를 한층 더 강조해 왔다.

3/
가족과 여성

 이러한 남성적 시각을 차치한다 하더라도 여성이 주인이었던 가정과 여성들이 돌보아야 하는 가족은 시대를 초월한 보편적 가치로 성모마리아의 모성성은 좀 더 발전되어 가정과 가족을 위한 여성의 가치로 이후 계속 이어져 갔다. 가족의 가치가 드러나지 않았던 중세시대에 성모마리아의 이미지는 예수의 고난과 결부되어 주로 슬픔과 고뇌의 이미지로 표현되었었다. 그러나 이후 가족을 동반한 온화하고 자상한 모성의 이미지로 바뀐 성모마리아는 여성의 모성성뿐 아니라 가족의 가치를 강조하는 상징적 의미를 동반하였다. 아기 예수에게 젖을 물리고 있는 성모마리아의 그림과 사촌인 엘리사벳과 세례자 요한과 함께 등장하는 그림은 가족의 풍경으로 구성되어 가족과 모성의 가치를 잘 보여 주고 있다. 르네상스시대 그림에는 이러한 가정을 주제로 한 작품들을 쉽게 찾아볼 수 있다.

녹색 방석과 성모(1507),
안드레아 솔라리오(Andrea Solario), 파리, 루브르 박물관 소장.

성모마리아와 성녀 안나(1503),
레오나르도 다빈치(Léonard de Vinci), 파리, 루브르 박물관 소장.

성모마리아의 모친인 안나와 마리아 그리고 아기 예수 삼대가 같이 있는 그림 역시 가족의 화목한 이미지를 보여 주고 있다. 성모마리아를 주제로 한 그림의 이미지가 아기 예수와 마리아 두 사람에서 가족으로 확대된 것은 르네상스의 영향 때문이다. 르네상스 사조가 등장하면서 인간애와 인간 가치의 중요성과 함께 개인과 가정의 가치가 부각되었는데, 이는 인본사상의 주요 개념이 가정의 가치로 확장되어 가족관계가 새롭게 인식되었기 때문이다. 가정은 인간사회의 기초 공동체이며, 재생산의 장소, 즉 자녀 생산과 자녀 교육이 이루어지는 다중적 의미를 지닌 곳이다. 그리고 이러한 기능이 제대로 수행되기 위해서는 모성성이 가장 주요하게 역할을 담당해야 한다.

이 시대의 가족을 그린 그림을 보면 남성들의 등장이 매우 적고 대부분이 어머니와 자녀들만을 그리고 있어 모성 역할의 중요성을 보여 주고 있다. 다른 한편으로는 가정을 중심으로 활동하는 여성의 모성성을 강조함으로써 암묵적으로 남성들의 사회활동을 강조하여 남녀 역할의 구분을 확실히 한 사회적 배경을 확인할 수 있다.

세례자 요한 가족과 함께 있는 성가정(1588~1590),
시피오네 풀조네(Scipione Pulzone), 로마, 보르게세 미술관 소장.

그라치 형제의 어머니인 코르넬리아(1785),
안젤리카 카우프만(Angelica Kauffmann),
버지니아, 버지니아 미술관 소장.

가족을 위한 여성의 역할은 임신과 출산에 이어 자연스럽게 자녀 양육과 교육으로 이어진다. 위의 그림은 실제로 있었던 로마시대 정치가인 그라치 형제의 가족으로 중앙에 있는 어머니 코르넬리아는 자녀 교육에 헌신하여 아들들을 모두 성공적인 인물로 키워내 유명하다. 중앙에 있는 어머니와 왼쪽의 두 아들 중 한 명이 종이 두루마리를 어머니에게 조심스럽게 건네는 장면을 보아 자녀의 공부를 점검하는 어머니 역할을 짐작해 볼 수 있다.

오늘날과 같이 전문화와 분업화가 된 사회에서 학습은 전문기관이나 공공교육제도로 이루어지지만, 제도적인 교육시스템이 발달하지 않았던 시대에는 가정교육은 물론 기본적인 교육적인 학습도 어머니가 담당하였다. 그러므로 모성성에는 교육자로서의 역할도 포함되어 모성성은 여성성의 한계를 넘는 다중적인 가치를 지니고 있다. 또한 여성들이 담당하는 재생산의 역할은 출산을 통한 육체의 재생산뿐 아니라 인격과 지성의 교육적 재생산을 의미하기도 한다.

행복한 엄마(1792),
장 밥티스트 그뢰즈(Jean~Baptiste Greuze),
로테르담, 보이만스 반 뵈닝겐 미술관 소장.

온화한 색채와 안정된 인물구조, 그리고 아늑한 침실에서 자녀를 바라보는 여성의 표정 등을 그린 이 그림은 관객들에게 편안한 집의 안락함과 어린 시절 엄마와 함께한 시간을 추억하게 한다. 가정 밖의 세계와는 대조적인 안정되고, 따뜻한 곳인 가정과 아기와 엄마의 구도가 주는 가족 간의 친밀감과 행복감이 그림 가득 배어 있다.

그림의 제목인 '행복한 엄마'는 이러한 가정을 만드는 주역으로 안식, 휴식, 그리고 보호의 이미지로 오버랩된다. 흔히들 여성의 삶은 가족을 위한 삶이지, 자신을 위한 삶이 아니라고들 한다. 이러한 주장은 여성들의 역할이 주로 가족을 돌보는 보호 역할로, 생활 활동이 나를 위한 시간보다는 가족을 위한 시간으로 채워지기 때문이다. 이러한 보호 역할은 노동에 대한 객관적 평가나 보상이 없으므로 일의 결과와 성과적 측면에서 보면 가치가 없는 것처럼 보인다. 그러나 이러한 해석에는 여성들이 이 역할을 하면서 느낄 수 있는 감정적, 정서적 보상이나 자녀를 돌보면서 갖게 되는 책임감의 가치 등이 배제되어 있다.

개인이 지니고 있는 삶의 가치는 개인의 얼굴이 다르듯 매우 다양하다. 사회적 성공을 지향하는 여성이 있는가 하면 가정에서 느끼는 작은 행복에 삶의 가치를 두는 여성들도 존재한다. 이 그림 속 여성의 얼굴에 나타나 있는 행복감에는 사랑을 줄 때 느낄 수 있는 충만함이 들어 있다. 모성의 보호 역할은 사회적 보상은 없지만, 자녀가 성장하는 과정에서 부모에게 주는 행복한 감정들로, 화폐적 가치로는 환산할 수 없을 정도로 큰 정서적 보상을 받는다. 물론 자녀를 키우면서 간혹 어렵고 힘들 때도 있지만, 이러한 어려움은 부모에게 책임감을 더 강하게 부여하고 부모들의 삶을 지탱해 주는 힘이 되기도 한다. 인간을 잉태하고 출산하여 인격적인 존재로 교육시키는 자녀 양육은 그 어느 사회적 성공도 비교할 수 없는 귀한 가치를 지니고 있다. 단지 늘 일상에 존재하고 있고 사회계층을 막론하고 대부분의 사람이 가질 수 있는 행복이기 때문에 그 가치를 잘 인지하지 못할 뿐이다.

유쾌한 가족(1668), 얀 하빅스 스텐(Jan Havicksz Steen),
암스테르담, 암스테르담 국립 박물관 소장.

　농경사회에서의 다자녀는 가정의 풍요와 화목을 의미할 뿐 아니라
인력재산으로도 간주되어 산아 제한 없이 많은 자녀를 가졌었다. 이
그림은 부유한 가정은 아니지만, 작은 거실에 온 식구들이 모여 앉아
악기를 연주하는 자녀들의 음악에 맞춰 노래를 부르는 엄마와 기쁨에
취해 술잔을 들고 있는 아빠의 모습을 너무나 정겹게 그려냈다. 다자
녀의 출산과 양육의 힘든 표정을 찾아볼 수 없는 엄마의 표정은 안고

있는 막내 아기의 행복한 표정과 잘 어우러져 세상에 이보다 더 행복한 것은 없다는 것을 마음껏 보여 주고 있는 듯하다.

먼저 보았던 '행복한 엄마'의 그림이 아기를 향한 모성의 감정을 이미지로 표현하였다면 이 그림은 모성을 중심으로 이루어지는 가족 결속이 주는 가족들의 행복감을 나타내고 있다. 행복한 가족에게 둘러싸여 있는 어머니의 표정을 보면 가족만을 위해 희생하는 엄마, 자아실현이 차단된 여성과 같은 가족과 분리된 여성성을 주장하는 말들이 공허하게 느껴진다. 물론 모성이 구심점이 되어 이루는 가족 결속의 가치는 엄마의 희생적 역할이 없다면 이루어질 수 없다. 그러나 우리는 희생의 의미에 대해 조금 더 생각해 볼 필요가 있다.

희생의 사전적 의미는 '다른 사람이나 어떤 목적을 위해 자신이나 가진 것 등을 바치거나 포기하는 것'이다. 그렇다면 모성의 희생적 역할은 자녀와 가정을 위해 자신을 바치고 자신을 포기하는 것으로 직역할 수가 있다. 위의 그림에서 군이 희생의 이미지를 찾아보자면 많은 자녀를 낳고 키운 엄마의 육체적 양육의 희생 정도를 짐작할 수 있다. 그러나 그림에 나타나 있는 엄마의 표정은 자녀를 위한 희생이라기보다는 자녀들로 인해 얻어지는 기쁨이 더 크다는 것을 너무나 명확하게 보여 주고 있다. 모성을 희생이라고 정의할 수 없는 것은 앞서 언급한 바와 같이 모성 역할에는 자녀들을 키우면서 자녀로부터 얻는 기쁨과 즐거움이 귀한 보상이 되기 때문이다. 이러한 자녀와의 감정적 교류는 자녀의 가치를 여성에게 사회적 지위를 갖게 해 주는 것으로 설명한 자녀와 여성의 사회적 관계 그 이상의 가치를 지니고 있다.

모성과 자녀 간 본능적인 사랑의 상호성은 자녀의 인격 형성에 기초가 되고 이러한 관계가 이루어지는 장소인 가정의 가치를 동반해 왔다. 이와 같은 가정과 가족을 위한 모성의 역할은 이후 계몽주의 사상이 등장하면서 여성들의 독립적인 자기 생활에 대한 인식과 함께 여성의 다중 역할을 예고한다. 하지만 가족을 위한 여성의 역할과 지위 변화는 사회 변화에 동반되지 않고 오랜 기간 여성의 주요한 임무로 역사와 함께 재생산되어 왔다.

정원에 있는 모네 가족(1874), 에두아르 마네(Édouard Manet), 뉴욕, 메트로폴리탄 박물관 소장.

　가족과 함께 있는 여성의 행복한 이미지는 이후 더욱 확대되어 많은 화가들의 소재가 되었다. 마네가 그린 친구 모네의 행복한 가족뿐 아니라 집안의 정원이나 동네 공원에서 아이들과 함께 산보하는 여성들은 당시 인상파 화가들의 단골 주제였다. 여성들의 의식이 조금씩 깨어나는 시대적 변화에 대한 남성들의 두려움으로 해석하는 것이 다소 무리인 것 같지만, 이러한 행복한 가정의 이미지, 모범적인 모성상을 강조함으로써 남성들의 가부장적인 권력을 유지 하였던 것 역시 부인할 수 없다. 또한 국가와 사회가 제시하는 여성 역할에 대한 국민 교육의 목적도 있었을 것이다.

행복한 가족(1642), 루이 르 낭(Louis le Nain), 파리, 루브르 박물관 소장.

그러나 가족과 함께 있는 여성이 늘 행복한 것만은 아니다. 르 낭의 '행복한 가족'이라는 제목을 가진 이 그림의 두 여성은 다른 그림 속 여성과는 사뭇 다른 표정을 짓고 있다. 막내 아이의 세례식을 마치고 귀가한 가족들이 소박한 상차림에 모여 앉아 있다. 그림의 구도는 삼각 구도로 안정적인 가정을 의미하고 가장의 웃는 표정은 가정의 행복을 그리고 있지만, 각각 다른 방향으로 정면을 보지 않고 표정 없이 앉아 있는 두 여성의 얼굴은 그리 행복해 보이지 않아 그림의 제목과는 어울리지 않는 분위기이다. 오히려 이 세 사람이 주는 이미지는 가족의 결속보다는 갈등을 상징하고 있으며, 여성의 내면을 들여다보면 무언가 불만이나 포기의 흔적을 찾을 수 있을 것 같다. 행복한 가정이란 삶의 긴장을 풀고 즐겁고 편한 감정의 교감이 이루어지는 곳이어야 하는데 자연스러움이 없는 경직된 두 여성의 곧게 앉은 자세에서는 긴장감까지 느껴질 정도이다. 세 명 중 가장 행복해 보이는 남성은 정면으로 관객을 향해 '정말 행복합니다.'라는 표정을 짓고 있지만, 무념의 상태로 허공을 응시하고 있는 두 여성의 시선은 이루지 못한 그 무엇인가에 대한 연민을 가득 담고 있다. 가부장적 분위기가 짙은 이 그림의 작가가 의도하는 가정의 행복은 가장의 행복만으로 충분한 것인지 잘 이해가 가지 않지만, 노모와 부인의 감정과 기분을 고려할 줄 아는 남성의 배려가 아쉬운 그림이다.

피아노를 치는 리스트(1840), 요제프 단하우저(Josef Danhauser),
베를린, 알테 내셔널 갤러리 소장.

행복하지 못한 여성의 이미지는 17, 18세기에 다른 미술작품에서도
찾아볼 수 있다. 사회에 많은 변화가 있었던 18세기에는 여성의 이미
지가 다중적으로 나타나기 시작하였는데, 그 주요 요인은 산업혁명과
계몽주의 사상의 영향력이다. 산업혁명 이후 부르주아 계급의 출현은
여성의 이미지를 부유층 남성들의 소유물로 표현하였다. 그러나 다른
한편으로는 여성의 자아인식을 촉구하는 계몽주의 사상이 발전하여
이 철학적 사유의 영향으로 여성들은 활동 범위를 가정에서 사회로

이전하게 되었다. 계몽주의는 이성의 중요성과 지식의 가치를 내세운 교육을 중시하는 사상으로 소수였지만, 여성들 역시 이러한 활동에 참가하게 된 것이다. 이러한 여성들의 활동은 주로 지적인 남성들과 교류를 갖는 살롱에서 이루어져 이는 당시 살롱문화를 번성하게 하는 데 주요한 역할을 하였다.

이 그림은 요제프 단하우저가 그린 것으로 19세기 프랑스의 여류 작가인 조르주 상드(George Sand)를 중심으로 그녀의 사교계 친구들이 모여 음악을 듣고 이야기하는 전형적인 살롱문화의 한 배경을 그리고 있다. 그녀는 당시 음악가나 작가들을 전적으로 후원하는 상당히 능력 있는 여성으로 그림에 등장한 인물만 보더라도 그녀의 능력을 충분히 짐작할 수 있다. 작곡가이자 연주자였던 리스트(Franz Liszt)가 피아노를 치고 있고 작가인 알렉상드르 뒤마(Alexandre Dumas), 빅토르 위고(Victor Hugo)도 자리를 함께하고 있다. 니콜로 파가니니(Niccolò Paganini), 지아키노 로시니(Gioachino Rossini)도 있으며, 바닥에는 프랑스 여류작가인 마리 다구(Marie d'Agoult)도 보인다. 당시 작가로 능력을 인정받은 조르주는 사회적 편견에 대항하는 자유분방한 여성이었다. 남성들의 영역이었던 작가로 활동했으며 사랑에 대한 사회적 인습에서 일탈된 행동들을 과감하게 실현하고 있었다. 그럼에도 불구하고 그녀는 '인생은 기나긴 상처의 여정이며 이 상처는 아물 날이 없고 완치가 불가능하다.'고 표현하여 그녀의 자전적인 인생의 역경과 그녀가 감내해야 했던 사회적 편견의 어려움도 토로하였다.

이러한 조르주 상드를 중심으로 그린 이 그림은 그녀를 화폭 중앙에 배치하고 그녀의 남성 친구들을 주변에 배치하고 있지만, 그림의 제목은 '피아노를 치는 리스트'로 남성을 내세웠다. 그러나 제목보다 우리가 주목해야 할 것은 리스트 옆 바닥에 앉아 있는 마리 다구의 자세이다. 19세기 프랑스 여류작가인 마리는 리스트와 동거를 한 여성이다. 그림 속 이 여성의 이미지를 보면 성적인 이미지를 강조하는 어깨를 드러내고 흐트러진 자세로 피아노에 기대어 성적 유혹을 하는 이미지로 표현하고 있다. 그래서 이 여성을 남성들의 지적 동료라기보다는 관능적인 성적 이미지로 규정짓는 것 같은 느낌이 강하게 들어 계몽주의가 들어서는 시대에도 여성의 이미지에 대한 편견이 여전히 존재하고 있음을 알 수 있다. 당시 이러한 살롱문화를 즐겼던 여성들은 소수에 불과해 계몽주의 사상 역시 남성들만의 사상이었던 것을 알 수 있다.

소수의 여성만이 새로운 자아발견에 눈을 뜨기 시작했음에도 불구하고 동시대를 살았던 루소(Jean-Jacques Rousseau)는 이러한 여성들에 대해 너무나 남성적인 반격을 했다. 그는 여성들이 가정 밖을 나오는 것 자체를 비난하고 여성들은 가정에서 자녀와 남편을 위한 역할에 충실해야 하며 사회활동은 여성 본연의 역할을 저해한다고 비난했다. 이는 당시 단지 루소만의 생각이 아닌 대부분 남성의 의견이었다. 그러므로 여성이 등장하는 살롱문화를 주제로 한 그림보다는 여전히 모성성을 강조하는 그림들이 많이 존재했다. 이 그림을 그린 요제프 단하우저 역시 보수적인 여성의 이미지에도 주목하여 모성성을 강조한 그림도 많이 그렸다. '어머니의 사랑'이라는 제목의 아기를 안고 있는 그림 속 여성 이미지는 살롱에서 남성들과 어울려 있는 조르주 상드나 마리 다구와는 전혀 다른 이미지이다. 철학적 사유 변화는 여성의 의식을 깨우고 있었지만, 산업혁명의 사회적 배경은 여성의 가정 역할을 더욱 강화하기도 하여 당시 여성들은 딜레마의 시기를 맞게 된다. 이처럼 요제프 단하우저가 발견한 전혀 다른 두 여성의 이미지는 그의 상상력이 아닌 사회에서 발견되는 여성을 그린 것으로 그는 여성들의 변화 징후를 포착하고 있었다.

엄마의 사랑(1839),
요제프 단하우저(Josef Danhauser), 비엔나, 벨베데레 오스트리아 미술관 소장.

사랑하는 어머니(1765), 장 밥티스트 그뢰즈(Jean-Baptiste Greuze), 파리, 에꼴 노르말
슈페리어 도서관 소장.

모성의 가치는 인간 근원지, 즉 원초적인 창조의 보금자리로 모든
이들의 마음속 가장 깊은 곳에 가장 밀착된 삶이 탄생하는 순간에 대
한 향수이자 존재의 근원적 가치를 지니고 있다. 여기에 사랑의 실체
를 보여 준 어머니 사랑이 더해져 모성에 대한 친밀감은 기본적인 인
간 감정의 보고이자 출구가 된다. 아무리 강조해도 지나치지 않는 모
성의 가치는 모성의 사랑을 받는 자녀에게는 한없이 귀하고 좋은 것
이지만, 베푸는 입장인 여성들은 자녀가 느끼는 행복만큼 이 역할에
만족하면서 살아가고 있는가? 모성성은 여성 내면의 성적 욕구와 독

립적인 정체성에 대한 욕구를 충분히 대신할 수 있을까? 하는 질문에 이 그림은 단편으로나마 답을 보여 주고 있다.

여섯 명의 자녀에게 둘러싸여 앉아 있는 여성과 그 가족을 그린 이 그림은 전체적으로 포근하고 안락한 분위기를 나타내고 있다. 특히 모든 자녀는 아버지로 짐작되는 남성의 반대편에 있는 어머니 옆에 밀착되어 있어, 아버지보다는 어머니에 대한 자녀들의 애착관계가 잘 나타나 있다. 그래서 그림의 제목도 자녀들의 사랑을 독차지하고 있는 '사랑하는 어머니'이다. 그러나 이 그뢰즈의 그림을 자세히 관찰하고 특히 자녀를 삭제한 여성의 자태 하나로만 본다면 매우 성적인 매력을 나타내고 있다. 그녀의 복장과 누워 있는 자태는 모성보다는 남성의 시선을 원하는 여성성이 더 강하게 나타나 있다. 그림에서 놓치기 쉬운 여성의 시선 처리는 모성만이 여성성을 대변하지 않고 있다는 메시지를 강하게 전달하고 있다. 자녀들에게 둘러싸인 여성은 시선을 자녀들에게 두고 있지 않고 허공을 향해 있어 몸은 자녀들에게 밀착되어 있지만, 생각은 다른 곳에 있는 이중성을 엿볼 수 있다. 이러한 시선이 주는 이미지는 모성성과는 분리된 성적인 욕구를 가진 여성성을 암시하기도 하고 또한 반대편 남성과의 대립구조는 남성과 분리된 독립된 개체로 자기를 찾으려는 여성 내면의 욕구를 상징적으로 암시하기도 한다.

당시 많은 그림과 같이 남성이 그린 이 그림은 다분히 남성의 편견과 주장이 들어 있다. 모성성에 덮여 있는 여성성을 찾아낸 남성의 관찰은 이 이미지를 확대하기보다는 오히려 성적감정의 여성성을 사랑

받는 어머니의 행복감으로 위장시키고 있는 듯하다. 오랜 시간 동안 사회규범은 여성에게 모성이라는 역할과 지위를 부여하면서 다중적 여성성에서 모성만을 강조했기 때문에 이 규범을 일탈한다는 것은 곧 사회적 추방과 자기파멸을 의미한다. 그러므로 여성들의 딜레마는 사회규범과 자신의 욕망과의 차이에서 비롯되었다 해도 과언이 아니다. 이 여성의 시선 처리 때문에 '사랑하는 어머니'라는 제목이 어딘지 슬프게 느껴지는 것이 결코 과장된 느낌은 아닐 것이다. 그런데도 자녀들의 건강한 성장과 자녀들과 함께 이루어가는 가정이 주는 여러 가지 심리적, 정서적 안정감은 여성들의 삶에 중요한 의미가 되어 모성의 가치는 인간의 재생산 측면이나 인간 완성의 초석으로 변함없는 진리가 되고 있다.

4/
성적 위계질서

　여성들의 종속적인 이미지는 모든 시대를 거쳐 직간접으로 많은 미술작품 속에서 발견할 수 있다. 부모의 성적 위계질서가 강한 가정에서 자란 여성들은 결혼하게 되면 철저하게 남편의 생활권으로 편입되지만, 자녀를 생산해야만 온전한 남편 가정의 구성원이 될 수 있는 조건이 붙게 된다. 그러므로 자녀 생산의 역할은 결혼한 여성들에게 가장 중요하게 부과되는 책임으로 이를 행하지 못하게 되면 가족 편입이 불가할 뿐 아니라 죄인으로 취급되기까지 했다.

　남성지배를 정당화하는 유교문화에서는 시집온 여성들에게 도덕적 품행을 벗어난 칠거지악의 목록을 만들어 남성 위계질서를 강화하는 장치를 마련하였는데 이 중에는 자식을 낳지 못하는 역할 불이행에 대한 품목도 포함되어 있다. 그러므로 여성이 가정에서 제대로 인정받고 자신의 지위를 확고히 하기 위해서는 자녀를 출산해야 하고 더 나아가 여아가 아닌 남아를 출산해야 한다. 이러한 방법으로 획득된 지위는 한 인간으로서의 지위가 아닌 한 아이의 어머니 지위이다. 지금도 기혼여성들의 호칭이 개인의 이름보다는 누구의 엄마로 사용되는 사회적 코드는 이러한 맥락에서 비롯된 것이다. 이러한 사회적 배경으로 자녀를 통해 지위를 얻은 여성들의 자녀 사랑은 본능적인 모성과 결합하여 더욱더 헌신적이고 희생을 마다치 않는다.

남녀의 위계질서는 유교문화뿐 아니라 성서에서도 찾아볼 수 있다.

아기를 잉태하지 못한 아브라함의 아내 사라는 마침내 자신의 몸종인 하갈을 아브라함에게 줌으로써 아들 이스마엘을 얻게 된다. 그러나 인류 역사는 늘 예기치 못한 상황에서 벌어지는 것처럼 이후 사라가 늦은 나이에 이삭을 낳으면서 이 가족의 비극이 시작된다.

하갈과 이스마엘을 내쫓는 아브라함(1680),
딕 필리프 반(Dyck Philippe Van), 파리, 루브르 박물관 소장.

성경은 이미 천사를 통해 하갈에게 하갈과 이스마엘의 어려움을 예고하고 있다. (창세기 16:11-12) 자녀를 낳으면서 지위가 변화된 여성들의 질투는 결국 사라가 하갈 모자를 내쫓는 사건으로 결말이 지어진다. 하갈이 아이를 출산한 동기는 아브라함 가정의 대를 잇는 막중한 임무이었지만 이삭이 출생하면서 이 임무의 효력이 없어지고 하갈은 품행이 단정치 못해 아브라함 가정을 불행으로 몰고 간 주범이 되어 살던 곳을 떠나야만 했다. 아들을 낳아 주어 한동안 사랑했음 직한 하갈과 자기 아들인 이스마엘을 쫓아내는 아브라함의 행동에는 남성적 이기주의와 가부장제의 권위가 여실히 드러나 있다. 이야기의 주인공인 하갈은 주인을 유혹한 죄인이 아니라 사라와 아브라함 부부를 위해 자녀를 생산하는 도구적 역할로 이용되어 일종의 피해자임에도 불구하고 결과적으로 쫓겨나는 신세가 된 것이다. 이러한 내용을 담고 있는 그림을 좀 더 자세히 들여다보면 그림을 그린 남성의 이중적 시각이 드러나는 부분을 발견할 수 있다. 화면 한구석에 이삭의 손을 잡고 있는 사라의 정숙한 모습과 대조적으로 하갈의 모습은 가슴을 드러낸 이미지로 화폭 가운데 배치하고 밝은 명암처리까지 하여 품행이 단정치 못하고 성적 유혹을 하는 이미지로 극대화하면서 이들 모자가 쫓겨나는 이유의 정당성을 강력하게 주장하고 있다. 진실을 은폐한 채 한 여성을 가정파탄자로 기정사실화하는 이 그림은 여성이 피해자일 수밖에 없는 시대적 상황을 고발하는 이중적 해석을 가능케 한다.

이 그림이 보여 주는 다른 측면의 페미니즘적 해석은 여성들의 시샘과 질투이다. 뒤에 숨은 듯 몸 전체를 드러내지 않고 있는 사라이지만, 하갈 모자를 쫓아내는 데 그녀의 질투가 얼마나 강하게 작용을 했는지는 충분히 짐작할 수 있다. 이 질투와 시샘은 남성을 향한 여성들의 자발적인 종속성을 드러내고 있다. 부부간의 사랑을 다른 사람에게 빼앗기는 것은 여성으로서 자존심의 문제이다. 그러나 자녀를 출산하지 못한 사라는 결혼한 여성으로서의 역할에 충실하기 위해 자신의 몸종인 하갈을 대리모로 들이고 질투와 시샘을 견뎌야 하지만 자신에게도 그러한 능력이 주어진 순간 참았던 질투와 시샘이 배로 분출된 것이다. 남편의 사랑이 나누어지는 것에 대한 불안감, 주인의 자녀를 출산함으로써 얻어지는 몸종의 신분상승에 대한 질투 등 복잡한 심정들로 결국 하갈과 이스마엘을 쫓아낸 것이다. 그러나 이러한 복잡한 여성의 심리적 상황은 결국 남성의 결정 하나로 정리가 된다. 성적 위계질서는 가정에서 가장의 지위로 이루어지고 이 질서는 사회규범으로 보편적이고 정당한 논리를 갖게 된다. 구약 내용을 그린 그림에서 성경 내용을 배제하고 페미니즘적 시각에서만 논한다는 것이 좀 무리이지만, 당시 여성들이 역할을 수행하지 못할 때 받아야 하는 불편한 상황들을 보면서 가부장적 위계질서와 성적 권력구조의 강한 영향력을 짐작해 볼 수 있다. 자녀를 보호하는 모성은 여성의 본능이기도 하지만 자녀를 낳음으로써 얻게 된 지위에 대한 책임감이기도 하다.

자녀의 신체적 양육과 함께 자녀 교육은 부성보다는 모성의 역할로 간주되어 자녀 교육의 결과는 온전히 어머니 역할에 대한 평가가 된다. 오늘날 한국사회의 어머니들이 보여 주고 있는 지나친 교육 열기도 이러한 연유에서 비롯된 것이다. 도가 넘는 모성의 책임의식은 자녀와 자신을 동일시하고 더 나아가 자신이 이루지 못했던 것을 자녀를 통해 얻으려는 대리만족의 수단으로까지 발전한다. 여성들은 자녀와는 독립된 개체로서의 자아를 형성하기보다는 자녀를 자신의 표현과 성장을 위한 매개로 삼고 있다. 피해의식을 자녀를 통해 보상받으려는 심리라고 해석하면 좀 과장일 수도 있지만, 사회가 만든 남녀 위계질서에 여성들이 간접적으로 옹호하고는 있지 않나 오늘날 여성들이 한번쯤 생각해 볼 문제인 것 같다.

버림받은 여성(1851), 레드그레이브(Red Grave), 런던, 영국 왕립미술원 소장.

성적 위계질서에서 가장의 힘을 나타내는 그림을 하나 더 보기로 하자. 이 그림은 구도와 내용 면에서 상당 부분 앞에서 본 그림과 일치하는 것이 많다. 결혼도 하기 전에 아이를 출산한 딸의 비도덕적 행위에 대한 아버지의 분노를 그리고 있는 이 작품은 여성이 지켜야 할 당시 사회적 규범과 함께 가부장적 사회에서 성적 위계질서가 어떻게 이루어지고 있는지 명료하게 보여 주고 있다. 당시 혼전임신은 미혼여성들의 규범적 행동지침에서 벗어난 중대한 일탈이며, 여성에게는 일생

내내 지울 수 없는 낙인이 된다. 더불어 부모에게는 자식 교육을 소홀히 하여 정숙하고 모범적인 가정을 꾸리지 못한 불명예를 안고 살아야 하는 수치로 남게 된다. 그러므로 가장으로써 사회적 규범이 더 중요한 아버지는 자신의 행동을 뉘우치는 딸에 대한 용서와 이해보다는 노여움으로 가득 찬 딸을 집 밖으로 내보내는 결단을 내리고 있다. 더불어 흥미로운 점은 엄청난 사건이 눈앞에서 벌어지고 있음에도 불구하고 적극적으로 남편의 결정에 반대하지 못하고 딸을 보호할 수 없는 안타까운 표정만 짓고 있는 엄마의 태도이다. 가부장적인 사회에서 남성의 결정에 다른 의견을 말하는 것은 남성권위를 무시하는 것이기 때문에 감히 그럴 용기조차 내지 못한다. 딸에 대한 남편의 격노에 안타까운 모습만 보이는 엄마의 자리는 남성들이 그리도 극찬했던 모성의 역할뿐이었지, 모성의 지위는 아니었다. 모성의 지위가 역할과 같이 중요했더라면 이 그림 속 엄마는 딸을 내보내는 아버지를 적극적으로 말릴 수 있었을 것이다.

이 그림의 제목인 '버림받은 여성'은 이중의 버림을 받고 있는데 하나는 딸보다는 집안의 명예가 더 중요한 아버지로부터의 버림이고, 또 다른 하나는 사랑했던 남성으로부터의 버림으로 이제 이 여성은 아무 데도 기댈 곳 없는 허망한 세계에 혼자 남게 된다. 19세기 여성의 도덕성은 오늘날까지 이어져 미혼모에 대한 사회적 질타는 혼전임신이라는 남녀 사랑 행위의 결과를 도덕적 죄로 인정하고 그 죄를 여성에게만 묻고 있다. 남성과 같이 이룬 사랑에 대한 책임을 혼자 떠맡아야 하는 것이 마치 여성의 굴레와도 같다. 그러나 남성의 책임의식과 여성에 대한 배려가 존재한다면 굴레가 행복이 될 수도 있다는 생각을 해 보면서 문제 해결은 너무 간단하나 남성내부에 굳게 형성된 성적 위계질서의 모순성과 그 강함이 억지스럽기까지 하다.

망설이는 신부(1866),
오귀스트 뚤무슈(Auguste Toulmouche),
개인 소장.

이 그림은 19세기 부르주아 집안의 여성들을 그린 그림으로 하얀 드레스와 꽃을 든 모습, 그리고 뒤에 어린 소녀의 화관 등을 보아 약혼이나 결혼식이 진행되기 전 광경임을 짐작할 수 있다. 그러나 주인공인 여성의 표정은 기쁨과 설렘보다는 정면을 뚫어지게 쳐다보면서 화가 난 듯 무언가 불만이 가득해 보인다. 이런 그녀를 위로하듯 옆의 두 여인은 이 주인공을 다독거리고 있다. 제목을 모르고 본 이러한 분위기는 이 그림의 제목을 알게 된 순간 짐작이 확신으로 바뀌게 된다. '망설이는 신부'라는 제목은 약혼식 날 자신의 중대사에 대한 확신이 없어 기뻐하지도, 포기하지도 못하는 여성의 내면을 눈의 표정으로 잘 묘사하고 있다. 짐작건대, 이 여성은 당시 일반적이었던 정략결혼을 해야 하는 상황으로 사랑보다는 집안끼리의 계약과 같은 결혼에 만족하지 못하거나 사랑하는 남성이 따로 있는데 부모의 결정에 따를 수밖에 없는 처지에 놓여 있는 듯하다.

결혼은 두 남녀의 감정 교류가 중요하고 부부간의 사랑이 기반이 되지 않는다면 두 사람 모두에게 불행이지만, 당시에 부르주아 계급에서는 이러한 결혼이 일반적이었다. 부모의 결정에 따라야 하는 것은 남성이나 여성이나 마찬가지이지만, 남성의 경우는 결혼 이후에도 자유로운 생활이 가능했기 때문에 여성보다 덜 구속적이었다고 감히 단언할 수 있다. 반면 여성의 경우에는 마음에 내키지 않는 결혼으로 자신이 원하는 삶이 아닌 타인이 결정해 주는 삶 안에 가두어진다는 것이 얼마나 불행한 일인지 역사 속에서 많은 이야기가 증명하고 있다. 경제적인 여유를 드러내고 싶은 남성들은 자신과 동등한 동반자로서의 아내라기보다는 자신의 재력을 과시할 수 있는 수단으로 고급스러운 의복과 화려한 차림새를 한 부인을 이용하여 자신들의 경제적 지위를 나타냈다. 이 그림을 그린 화가 뚤무슈는 이러한 부르주아 여성들을 주제로 많은 그림을 그렸는데 당시 작가였던 에밀 졸라(Émile Zola)는 이 화가의 그림에 등장하는 여성들을 "뚤무슈의 사랑스러운 인형"이라고 표현했다. 에밀 졸라의 이 표현은 여성의 아름다운 미모보다는 자기감정이 없이 예쁘기만 한 인형을 의미한 것이다. 삶을 성찰할 줄 아는 여성이라면 이러한 여성들이 타인인 남성에 의해 남성의 취향대로 만들어진 인형에 불과하다는 해석이 지나치지 않다는 것을 충분히 공감하리라 생각한다.

그러나 남성들의 이러한 과시욕보다 더 심각했던 것은 여성들에게 결핍된 자주의식이다. 이 시대의 많은 여성은 인형 취급에 대한 자신의 독립적인 주체의식을 고민하기보다는 오히려 노동의 대가 없이 주어지는 이러한 생활에 만족할 뿐 아니라 이러한 남성을 만나는 것을 성공적인 결혼으로 생각했다. 이러한 여성들에게 메시지를 던진 동시대의 작가인 헨릭 입센(Henrik Ibsen)은 이들의 자기 내면 성찰을 기대하면서 1879년 『인형의 집』이라는 희곡을 통해 인형이기보다는 인간으로 깨어나고 싶은 로라를 등장시켜 여성들의 정신적 해방을 촉구했다. 더욱더 흥미로운 사실은 이러한 여성들에게 인간으로서의 자기 돌아보기에 단초를 제공했던 입센이 여성이 아니고 남성이라는 점이다. 입센이 사회의 여러 가지 부조리와 문제에 대한 저항의식이 강한 반 사회극을 많이 쓴 작가인 점을 미루어 보아 그가 객관적으로 관찰했던 당시 부르주아 계급의 결혼생활에 대한 비판의 중심에 여성이 있었다. 그가 쓴 『인형의 집』은 부를 과시하는 남성을 비판한 것이 아니라 인형으로 살아가는 여성들에게 삶의 진실성과 개인의 가치에 대해 생각할 수 있는 인식의 문을 열어 준 것이다.

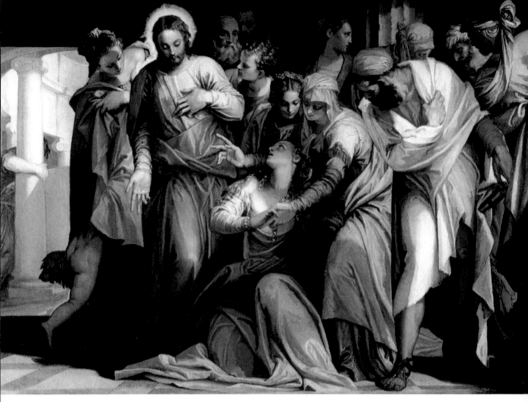

막달라 마리아의 회개(1548),
파올로 베로네세(Paolo Veronese), 런던, 내셔널 갤러리 소장.

여성을 이야기할 때 신약성서 내용에 자주 등장하는 막달라 마리아를 빼놓을 수 없다. 이 그림은 간음을 한 막달라 마리아의 품행을 비난하는 군중들에게 "너희 가운데 죄 없는 자가 먼저 저 여인에게 돌을 던지라."(요한복음 8:7)라는 예수의 말을 듣고 회개를 하는 마리아와 주변 배경을 그린 것이다. 막달라 마리아를 향한 대중의 비난과 마리아의 회개는 우리 안에 있는 자기 중심적인 사고에 대한 회개를 요구뿐 아니라 하느님 앞에서 온전하게 순결한 인간이 존재하지 않는다는 고백과 죄의 존재보다는 죄를 반성하는 회개하는 마음에 초점을 맞춘 성서적 교훈을 담고 있다.

그러나 이 내용보다는 이 그림의 주인공인 막달라 마리아를 조명하여 여성 입장에서 이야기를 풀어보고자 한다. 몸을 파는 이 여성에 대한 해석은 남성과 여성의 시각은 물론 사회도덕적 시각 그리고 개인의 권리적 측면에서 다각적으로 해 볼 수 있다. 몸을 파는 행위자를 죄로 단정 짓는 사회에서 여성의 몸을 사는 구매자인 남성들은 면죄의 특권이 부여된다. 물론 이 해석은 법적 근거에 대한 해석이 아닌 문화적인 해석이다. 오늘날도 성매매는 불법이지만, 너무나 당연하게 존재하는 것은 법적 근거보다는 문화적인 근거로 인정, 묵인되고 있기 때문이다. 상거래에서 이루어지는 갑과 을의 관계에, 성적 위계관계가 중복된 성매매는 사회적 편견까지 추가되어 성매매 여성들에 대한 옹호의 해석은 기대할 수 없다.

얼마 전부터 이들의 노동권에 대한 주장이 조금씩 나오기 시작한 것은 이들의 인권보호 차원에서 이루어지는 것이지, 이 직업을 인정하는 의미는 아니다. 또한 대부분 성매매 여성들의 노동권 주장이 의미 없는 외침으로 공허하게 울리다 마는 것은 아직도 이들에 대한 사회적 편견이 강하게 존재하고 있기 때문이다. 여성들의 성매매를 단죄하는 데는 일반적으로 남녀의 성적관계를 정의하는 몇 가지 사회도덕적 인식에 근거하고 있다. 그 하나는 남녀 육체관계의 가치는 사랑이 전제되어야 함으로, 거래를 통한 성적 관계는 사회규범을 해치기 때문에 인정할 수 없다는 것이다. 둘은 인간의 육체를 거래하는 것을 피해자의 인권 침해로 보는 도덕적 기준이다. 그럼에도 불구하고 성매매가 존재하는 것은 이러한 도덕적 관점보다는 암묵적으로 용인되는 남녀 성적표현에 대한 차별적인 사회문화적 인식 때문이다. 즉, 대부분 남성의 성적 외도에는 관대하지만, 여성의 성적 일탈에는 강한 반감을 지니고 있는 사회문화가 일반 여성뿐 아니라 직업적으로 성매매하는 여성들에게도 예외 없이 적용되고 있는 점이다. 이러한 인식으로 성매매 여성들을 직업으로 보기보다는 도덕적 일탈자로 단정 지어 남성뿐 아니라 같은 여성인 일반 여성들 역시 이들을 비난하는 것이다.

　일반 여성들의 반응은 이들에 대한 연민보다는 도덕적 질타에 더 힘을 주고 있다. 일반 여성들의 비판은 성매매가 아니더라도 다른 직업을 택할 수 있었는데 왜 하필 그 직업이냐, 하는 데서 출발하여 성매매 여성들의 생계유지 수단에 대한 이해보다는 이들의 동물적인 본능에 대한 비판에 이른다. 이는 한편으로 보면 성매매 여성들과 차별화되는 자신의 규범적 생활태도에 대한 일종의 자부심이기도 하지만, 예수의 말처럼 온전히 죄 없다 할 수 없는 인간의 한계를 가진 여성들의 일종의 차별적 교만이라 할 수 있다. 상거래의 원칙에 근거한 단순한 논리로 본다면 성상품의 소비자가 되는 남성들의 거래가 없다면 공급자가 되는 이 직업은 쉽게 사라질 수 있다. 그러나 인류 역사가 생긴 이래 가장 오래된 직업이라는 성매매에서 여성들은 남성의 성적 도구로 이용된 피해자 임에도 불구하고 여성만이 사회적 질타를 받고 있다. 막달라 마리아가 가지고 있는 죄의 원인은 남성들이지만 이 여인의 행동을 비난하는 것 역시 남성이라는 불합리하고 이해하기 힘든 남성들의 행동에서도 우리는 성적 위계를 볼 수 있다. 남성들의 이러한 이중적인 행동들은 남성우월주의 사회에서 얼마든지 허용이 되고 여성들은 늘 피해자이면서도 사회도덕을 해치는 가해자로 둔갑하고 있다. 이러한 여성의 이중의 피해는 성적 위계질서가 존재하는 곳에서 늘 발견되고 있다.

이중적이고 위선적인 남성들의 사고방식을 여성들이 어쩔 수 없이 인정해야 하는 것은 무엇 때문인가? 암암리에 묵인되고 있는 남성우월, 대다수 사람이 인정하는 것에 대한 암묵적 합의는 어디에서 비롯된 것인가? "누구든지 죄가 없는 자는 돌을 던져라!"라는 명령에 응하여 행동으로 옮긴 자는 한 명도 없다. 자신의 내부의 진실을 들여다보기 전에 군중심리에 아우성쳤던 이들의 심리는 사회의 도덕과 동질의 것인가? 혹은 내 죄를 은폐하기 위해 타인의 작은 실수에 큰 반응을 보이는 것은 아닌가? 여성을 비하할 근거 없이 사회문화적으로 남성우월을 답습한 남성들이 이러한 위계에 대해 한번쯤 "왜, 라는 질문을 해 본 적이 있는가?"라는 질문을 던져 본다. 남성의 외도와 성매매에 관대한 사회는 여성의 인권을 침해하는 법률적 해석보다는 남성의 권력남용을 묵인하는 사회문화적인 남녀 위계질서를 인정하는 사회이다. 이처럼 남성과 여성의 다름은 사회 환경적 요인으로 인해 차별과 불평등구조 속에서 성적 위계질서로 정착이 되었다. 이러한 구조를 인류학적으로 설명한 세리 오트너(Sherry Ortner)는 남성의 강인함과 여성의 감성적인 생물학적 차이를 육아와 출산을 자연으로 상징화하고, 사회활동을 자연이 진보된 문화로 비유하면서 남성우월을 정당화한 남성들의 해석에 반론을 제기하였다. 또한 시몬 드 보브아르(Simone de Beauvoir)는 여성은 여성으로 태어나는 것이 아니라 차별화된 여성으로 만들어지고 있는 것이라고 여성의 차별성을 사회적 산물로 응수하였지만, 사회구조의 남녀차별은 역사의 흐름에 상관없이 여전히 견고한 벽으로 갈라져 있다

아르놀피니의 결혼(1434),
얀 반 에이크(Jan van Eyck), 런던, 내셔널 갤러리 소장.

앞서 혼전임신에 대한 도덕적 일탈을 설명한 바 있지만, 이 그림 속 여성은 거의 만삭으로 결혼식을 올리고 있다. 고개를 숙이고 아래로 시선을 주고 있는 부인과 정면을 응시하고 있는 근엄한 남편의 얼굴은 남녀 간의 사랑을 그린 행복한 이미지와는 좀 거리가 있다. 결혼식이라는 의례로 인한 엄숙함이면 좋겠지만, 왠지 남성의 권력 휘하로 들어가는 여성의 운명을 예고하는 듯하다. 미술학적으로 이 그림이 지닌 초상화의 가치를 떠나 경직된 남성의 표정은 결혼에 대한 환상을 단칼에 잘라내는 듯한 모습을 하고 있어, 사랑이 아닌 계약에 의한 결혼 같아 쓸쓸함이 잔뜩 배어 있다.

이 그림이 지닌 회화적 가치보다는 이 그림을 통해 우리가 함께 생각해 볼 수 있는 것은 혼전임신에 대한 것이다. 여성들의 혼전임신에 대한 사회적 시각은 사회나 시대마다 조금씩 다르기는 하지만 일반적으로 함께 기뻐하고 반기는 분위기는 아니다. 오늘날은 가족제도와 결혼제도가 변화되어 동성결혼, 동거부부, 계약에 의한 동거 등등 다양한 형태로 가정을 형성하고 있다. 그럼에도 불구하고 혼전 동거에 대한 부정적인 인식을 갖고 있는 것은 결혼이 지닌 의미와 가치를 기준으로 하기 때문이다. 사랑은 책임이 동반되어야 하고 이 책임을 공문화, 공식화하는 것이 결혼이다. 그러나 이러한 절차 없이 혼전 동거에 찬성하는 것은 계약과 책임보다는 남녀 간 사랑에 더 가치를 두기 때문이다. 그러나 이러한 허락된 혼전 동거가 만든 혼전임신에 대해서는 여성을 겨냥하는 비난이 심하다. 이 비난은 자신의 몸을 관리하지 못한 점, 사회도덕에서 일탈한 점, 계획 없이 자녀를 생산한 점 등등

논란은 늘 여성에 대한 질책으로 일관되고 있다.

　그러나 이러한 질책보다 더 힘든 것은 혼전임신에 대해 여성들이 받아들여야 하는 과한 책임감이다. 임신과 출산을 하게 되면 태어난 아기에 대한 부모의 책임과 가족에 대한 책임이 부여된다. 결혼과 상관없이 두 남녀가 이를 받아들이고 책임과 역할을 충실히 하게 되면 혼전 동거와 혼전임신에 대한 부정적 시각은 적어질 수 있다. 위의 그림과 같이 혼전 동거와 임신이 결혼으로 이어져 새로운 가정을 이룬다면 축복받을 일이지만, 일반적으로 이러한 경우에는 대부분 남성이 책임을 회피한다는 것이다. 이성보다는 감정에 충실했던 젊은 남녀에게 아기가 생김으로써 감정보다는 이성적 삶의 무게가 커지는 것에 대한 두려움 때문이겠지만, 대부분 출생된 아기의 육아는 여자 혼자 짊어지는 경우가 많다. 그러므로 미혼부보다 미혼모의 책임이 더 커지고 도덕적으로 일탈한 남녀 커플에 대한 편견보다는 미혼모가 된 여성들의 비규범적 행동에 대한 사회적 편견으로 여성들에게 지워지는 정서적 무게가 너무 커진다. 사랑했던 남성의 배신과 준비 없이 주어진 모성의 책임을 떠맡아야 하는 여성들의 심리적 정서적 불안감은 사회가 안아 주지 않으면 이들은 사회 밖으로 내몰릴 수밖에 없다. 이러한 생각을 해보니 근엄한 얼굴을 하고 있어도 만삭의 몸이 된 여성을 받아들이고 결혼식을 하는 아르놀피니가 밉지 않다.

II

주체로서의 여성

1/
책을 읽는 여성들

불과 19세기 이전까지만 하더라도 책은 남성의 전유물과 독점 영역이었기 때문에 여성들이 책을 접한다는 것은 남성 세계에 대한 도전이며 금기된 것에 대한 호기심이었다. 그러므로 책을 읽는 여성들은 위험한 여성으로 표현되었었다. 왜 책을 읽는 여성이 위험한가? 누구에게 위험한가? 여성에게? 남성에게? 사회에게? 자녀들에게? 남성에 비해 여성들의 문맹률이 높았던 것은 가정에만 있는 여성들에게 글이 필요하지 않았던 점도 있지만, 사회적 지식을 독점하고 남성적 우월의식을 유지하려는 남성들의 의도도 있었다. 이는 여성들이 글을 배우고 책을 접하게 되면 이를 통해 남성들의 의식영역을 배우게 될 뿐 아니라 자아를 찾게 되면 독립적 사고를 갖고 덜 순종적이 될 것이라는, 지식을 통한 깨우침과 종속적인 순종의 반비례 법칙을 주장하는 남성들의 편협한 인식에서 비롯된 것이다. 이러한 의미에서 책의 위험성은 남성에게 부가되는 위험성인 동시에 남녀 위계질서를 고집하는 사회에 위험적 요소였지, 여성에게 위험한 것은 아니었다. 그러나 가정이라는 울타리 밖의 세상을 알지 못했던 여성들이 책을 통해서 본 세상은 가정 밖 세상에 대한 호기심, 상상력 그리고 지적 호기심까지 끌어내는 단초가 되고 창밖으로 나가고 싶은 자유를 유혹하는 곳이기도 했다. 이러한 단초는 여성들의 마음속 가장 깊은 곳에 있는 자아를 드러내는 무서운 힘을 만들 수 있어서 남성의 입장에서 보면 매우 위험한 도구였다. 그러나 모든 책이 다 이러한 것만은 아니었고 오히려 책의 내용에 여성들의 가정 역할을 사회규범으로 기획하고 이를 여성들의 생활 교과서로 이용하여 도구적이고 수동적인 여성 역할을 강화하는 목적으로 독서를 허락한 부분도 있었다. 교육이 제도권으로 들어와 일반화되기 이전에는 일부 양반계층이나 부르주아 계층의 여성 자녀 교육을 위해 허락되었던 책들은 모두 이러한 규범적 지시서였다. 조선시대 양반집 여식들이 보았던 책들인 계녀서, 여교, 여계, 여사서, 내훈 등은 모두 전통적인 여성 역할인 현모양처를 위한 목적으로 쓰인 것들이다. 이처럼 책의 장르를 철저하게 제한했던 당시 여성들의 독서는 책을 통해 인지하는 가정 역할과 도덕적 규범을 더 강화하는 기능을 발휘하였다. 특히 문맹률이 높았던 사회에서 이러한 책을 읽을 줄 안다는 것은 상당히 제한적인 특정계층을 의미했다. 그러므로 이러한 책을 읽는 여성들은 일종의 특화된 자부심으로 지식은 물론 지혜의 이미지까지 보태져 책을 통해 배운 여성 역할을 전파했으며 가정 역할을 더욱 강화하는데 큰 몫을 했다. 여성을 남성의 종속적 관계에 머물게 하기 위한 남성들의 지배 수단이었던 독서 제한은 국가까지 가세하여 문화적, 법적 규제를 통해 여성들이 책과 인연을 갖는 것을 차단했다. 국가가 독서를 규제한 것은 오랜 역사 속에 정치적, 종교적, 사회적 교화를 목적으로 늘 존재해 왔다. 법가 이념을 중시했던 진시황제가 정치 철학을 비판한 유림 서적을 금서로 정한 것을 비롯하여 로마교황청이 종교적 목적으로 제시했던 금서들이 그것이다. 또한 조선 후기 민초들의 애독서가 되었던 홍길동전은 당시 사회계급과 양반들의 실상을 폭로한 것을 이유로 금서 목록에 올랐었다. 이처럼 여성들에게 독서 목록을 제한한 것도 여성을 가정에 머물도록 한 전략이었다. 그러나 글을 아는 여성들이 조금씩 남성들이 보는 서적을 접하게 되고 다양한 독서 영역으로 진입하면서 책의 기능은 지식을 접하는 것 외에 더 큰 의미로 여성들의 정신적 근원을 깨우는 매개 역할을 했다. 여성들은 책을 통해 자신의 내면을 볼 수 있었으며 경험해 보지 못했던 세계나 나와는 다른 사람들의 이야기를 내 안으로 불러들여 자신의 새로운 정체성을 만들게 된 것이다. 이런 의미에서 책은 수 세기 동안 갇혀 있었던 여성의 주체성을 깨우는 도구가 되어 잠재된 내적 자아의식에 불을 댕긴 역할을 했다.

동양과는 다르게 서구의 대중적인 서적은 성서로 시작이 되었다. 그러나 초기 기독교 공동체에서도 성서를 읽을 수 있는 것은 남성만의 특권이었다. 여성들의 신앙심은 대부분 구전으로 전해들은 성서 내용으로 이루어졌고 이보다 좀 더 발달하여 그림을 통해 성서 내용을 이미지화하여 교육이나 정보의 매체로 사용하였다. 이는 당시 인쇄술이 발달하지 못했던 이유도 있지만, 글을 배우는 지식 접근의 기회가 특권층인 남성에게만 주어졌기 때문이다. 그러므로 중세 이후 그린 그림

들의 대부분은 글을 모르는 일반 신자, 특히 여성들의 교리 교육을 위
해 성서 내용을 주제로 하고 있다.

수태고지와 두 성인(1333),
시모네 마르티니(Simone Martini), 피렌체, 우피치 미술관 소장.

이미 4세기경에 로마의 지하 무덤에서 마리아의 수태고지 그림이 발견되었지만, 이후 르네상스시대에 와서야 여성의 모성성을 강조하기 위해 이를 주제로 한 그림들이 세상에 나오게 되었고, 여러 화가가 이를 주제로 그림을 그렸다. 여성의 모성성을 부각시키기 위해 성모마리아가 등장한 배경은 이미 설명한 바가 있다. 그러나 성모마리아의 그림에서는 모성성 외에도 책과 여성과의 관계가 발견된다.

이 그림은 가브리엘 천사가 마리아에게 나타나 아기 예수를 잉태할 것이라는 소식을 알리는 수태고지로 앞서 언급한 바와 같이 당시 일반신자들의 신앙 교육을 목적으로 그린 것이다. 그러나 이 그림이 다른 수태고지와 다른 점은 마리아가 책을 들고 있다는 것이다. 대부분 수태고지 그림의 마리아 표정과 자세는 하느님의 예수 잉태 소식을 전하는 가브리엘 천사에 대해 다소곳하고 순종적인 예의를 갖춘 모습들이다. 그러나 이 그림 속 마리아의 비스듬한 자세는 자기만의 공간을 확보하려는 몸짓으로 낯선 자의 방문으로부터 자기 세계를 보호하려는 강한 의지가 담겨 있고, 눈의 표정은 더 많은 의미를 담고 있다. 예고 없이 갑자기 등장한 가브리엘 천사를 보는 눈은 수줍음과 두려움보다는 당당함을 넘어 당돌함까지 엿보인다. 이러한 눈의 표정은 몸짓과 함께 외부 자극에 대한 마리아의 반응을 상당히 간결하게 잘 묘사하고 있다. 열심히 탐독하던 책의 내용을 놓칠세라 읽던 부분을 손으로 잡고 있는 모습은 이 사건을 빨리 마무리하고 다시 독서에 몰입하고 싶어 하는 마리아의 책에 대한 열정도 느껴진다. 마리아의 이 반응은 곧 책을 읽는 여성들의 자기 세계에 대한 고집, 자신에 대한 당당함, 자기만의 세계를 침범한 이에 대한 당찬 대응으로 해석할 수 있다. 한편 이 그림을 성서의 교육적 목적과 부합하여 여성 입장에서 재해석을 해 볼 수 있다. 하느님 메시지에 대한 책을 읽는 마리아의 순종은 지혜로운 순종을 나타내고 있으며 동시에 책을 읽는 여성들의 지혜로움과 이해력을 의미한다. 즉, 두려움 때문에 맹목적으로 하느님의 메시지를 받아들이는 마리아보다는 하느님의 예언을 제대로 이해하고 이를 하느님의 뜻으로 인지하고 받아들이는 지혜로움이다. 그림 중앙에 있는 백합이 마리아의 순결을 의미하듯 마리아의 손에 든 책은 이 여성의 지혜를 의미한다. 책을 들고 있는 마리아의 의미는 강한 자존감과 지혜로운 순종이라는 양면성을 제시함으로써 여성에게 지식을 통한 지혜의 필요성을 교육하고 있다. 마리아가 손에 들고 있는 책은 성서일 가능성이 높다. 당시 여성들은 성서에 등장하는 여성들의 이미지를 본받아 세대를 잇는 여성 이미지 재생산에 도구적 역할을 해 왔지만, 이 그림의 성서는 마리아를 보호하는 신앙과 신의 상징이기도 하고 지혜의 보고이기도 하다. 그러나 다른 한편으로는 남성들만의 권리였던 성서를 읽고 있는 마리아의 이미지는 여성들에게 독서를 제한했던 사회규범에 대한 도전이기도 하다. 이는 당시 여성을 죄와 악마로 이미지화했던 사회적 상황을 고려한다면 상당히 진보된 규범적 일탈이라 할 수 있다. 이처럼 다양한 상징성을 가진 마리아는 악마의 어두운 이미지에서 모성성을 끌어내었을 뿐 아니라, 주어진 것에 순응했던 수동적 여성에서 스스로 깨어나는 능동적 여성의 이미지를 보여주어 가정과 사회를 넘나드는 여성의 다중 역할을 예고하였다.

**책을 읽고 있는 막달라 마리아
(1435-1438 추정),**
로히어르 판 데르 베이던
(Rogier van der Weyden),
런던, 내셔널 갤러리 소장.

　이 그림은 책을 소품으로 사용하여 이미지 반전효과를 극대화한 대
표적 그림이라 할 수 있다. 이 여성은 모든 사람이 돌을 던지려 했던
막달라 마리아다. 죄로 상징되었던 이 여성은 예수의 용서로 회개하
고 종교를 갖게 되는 인생의 전환점을 맞게 된다. 자신에 대한 일반인
들의 편견과 이로 인한 스티그마에서 벗어나게 해 준 예수의 발에 향
수를 바르고 그녀의 긴 머리카락으로 닦아 줌으로써 고마움을 표시했
던 막달라 마리아는 그 향유를 담은 병을 옆에 두고 이제는 몸을 파
는 여성이 아닌 책을 읽는 여성으로 거듭났다. 막달라 마리아가 들고
있는 책의 의미는 육체적 욕구에서 정신적 욕구를 추구하는 삶의 가
치 변화로 회개를 통한 새로운 삶의 탄생을 의미한다.

　그림을 그린 작가가 이야기하고 싶었던 것은 아마도 신앙을 통해 변화된 인간의 모습이었겠지만, 작가의 의도와는 다른 측면에서 여성과 책의 관계에 대해 이야기를 좀 더 해보고자 한다. 이 여성의 회개하는 모습을 다양한 도구로 묘사할 수 있음에도 불구하고 그중에서 유독 책을 선택한 것은 이 여성 스스로가 가진 자기변화에 대한 적극적인 욕구를 의미한다. 사실 책이 있어도 지적 호기심이나 지적 욕구가 없으면 책은 그냥 종이에 불과하고 오히려 지루하고 머리만 아프게 하는 도구가 될 수 있다. 책의 유희적 기능은 다른 놀이와는 다르게 육체적 체험보다는 정신적인 카타르시스의 경험에 있다. 그러나 책의 단점은 그 맛을 모르면 책과의 인연을 맺기 어렵다는 것이다. 특히 육체적인 기쁨은 감각적으로 반응이 바로 오지만 책이 주는 정신적 기쁨은 내용을 반추하고, 내면화하고, 자기화하는 작업이 필요하므로 어느 정도 훈련이 필요하다. 이러한 의미에서 막달라 마리아의 독서삼매는 이러한 훈련과 학습에 대한 개인적 노력을 함유하고 있으며 육체적 감각에 익숙해 있던 이 여성의 정신적 성장과 내적 충실성에 대한 노력을 상징하고 있어 책의 의미가 더 크게 다가온다. 익숙한 것, 즉 습관은 개인의 행동을 만들고 사고까지 점령한다. 그러므로 말초적 감각에 익숙해 있던 이 여성이 책을 읽는 습관을 통해 정신적인 성숙을 이루어 가고, 내적 성장을 할 것이라는 짐작은 충분히 가능하다. 책을 들고 있는 막달라 마리아는 예수를 만나기 전에 익숙했던 것들을 과감하게 버리고 새로운 생활에 들어간 변화를 보여 주고 있다. 아마도 이러한 책의 기능 때문에 책을 읽는 여성들이 위험하다고 했는지도 모른다.

아이들이 잠들었을 때(1885),
토마스 패드(Thomas Faed), 리버풀, 워커 아트 갤러리 소장.

책을 읽는 여성을 주제로 한 그림은 의외로 많이 찾아볼 수 있다. 이 그림은 19세기 중산층 가정의 일상을 주제로 많은 그림을 그린 스코틀랜드 화가 토마스 패드가 그린 것이다. 중산층의 일상은 너무 평범하여 작품 주제로 평가받지 못하지만, 시간은 먼 훗날 이러한 지난 일상에 역사성을 부여하면서 과거 소시민들의 시대적 생활 철학을 알려 주는 귀중한 자료가 된다. 이 그림은 평범한 가정주부가 일상을 마치고 아이들이 잠든 후 난로 옆에 앉아 책을 읽는 모습을 그린 것이다. '아이들이 잠들었을 때'라는 그림의 제목이 알려 주듯이 일상을 마치고 자녀들이 잠든 동안 엄마가 책을 읽는 모습은 가난한 집안의 일상을 보여 주고 있지만, 당시 여성들의 독서가 일반화되지 않은 시대적 배경을 고려해 보면 상당히 신선한 여성 이미지로 부각이 된다. 집안일은 노동의 결과물이 명확하게 드러나지 않는 일상 속 노동으로, 아이를 키우는 주부의 일은 해도 해도 끝이 없어 아이들이 잠이 들어도 주부들은 여전히 밀린 집안일로 분주하기 마련이다. 그래서 가정주부에게 독서는 일정 시간을 별도로 준비해 놓지 않으면 쉬운 일이 아니다. 그러나 그림 속 여성은 아이들과 씨름했던 하루를 보내고 아이들을 재운 후에 바닥에 여기저기 정리할 물건들을 놓아둔 채로 따뜻한 난로 옆에 앉아 책을 읽으면서 자기만의 세계에 빠져 있다. 잠이 든 아이들의 평화로운 표정과 더불어 책을 읽는 엄마의 정서적 평화가 깃들어 있는 장면은 한쪽에 슬쩍 비춘 난로의 온기처럼 따뜻하다. 또한 이 그림은 아빠를 등장시키지 않음으로써 저녁 늦은 시간 부부가 함께 보내는 시간보다는 온전히 자기만을 위한 시간을 가짐으로써 얻을 수 있는 이 여성의 내적 충실성을 더욱 강조하고 있다.

책의 내용이나 장르는 중요하지 않다. 다만 자기만의 시간을 갖고 있다는 존재 의미와 이 시간이 허공에 흘러가는 잡담이 아닌 내적 성장을 위한 것임을 알려 주는 도구로 책을 읽고 있는 여성의 이미지가 중요한 것이다. 책을 읽는 주부는 책을 통한 다양한 사고의 발전으로 삶이 풍요로울 뿐 아니라 자녀 교육에도 이성으로 감정을 다스리는 현명함이 있다. 여성들에게 자녀와 가족은 돌보아야 하는 대상이면서도 여성들의 삶을 지탱해 주고 희망을 가질 수 있는 생의 원천이기도 하다. 그럼에도 불구하고 인격체인 개체로서의 여성은 엄마와는 별개로 존재한다. 즉, 주부는 여성의 다중 역할 중 하나이지, 전부는 아니라는 것이다. 24시간 같이 존재하던 자녀들이 성장을 하여 품 안을 떠나는 순간 여성들이 느끼는 빈자리 공허감은 그동안 자기를 찾지 못한 시간 만큼 크게 존재한다. 그러나 자녀들과 있을 때도 자기만의 공간, 시간을 갖고 자기 찾기를 했던 여성들은 오히려 자녀들의 독립을 계기로 자기 시간에 충실할 수 있다. 몰아치는 집안일, 가족들을 챙기는 일로 지친 몸과 마음은 가끔 재충전이 필요하지만, 사회생활을 하는 사람과는 다르게 가정주부에게 재충전이란 사치라는 것이 일반적인 생각이다. 엄마의 행복은 가족들에게 미치는 전염률이 매우 높아서 엄마의 감정 조절은 엄마뿐 아니라 가족들에게도 매우 중요하다. 그래서 엄마의 가사에 대한 가족의 협조와 이해가 필요하지만, 이보다도 여성 스스로가 고된 생활을 조절하는 지혜와 재충전이 필요한 것이고, 독서는 이러한 재충전의 도구가 될 수 있다는 것을 이 그림이 알려 주고 있다.

그림에서 여성을 읽다

어깨를 드러낸 여성 이미지의 평가는 동물적 본능의 표출인 성적 유혹으로 해석하는 것이 일반적이다. 그러나 이 그림에서 드러난 어깨는 여성이 몰두해 있는 책과 연결하여 다른 해석을 할 수 있다. 르누아르가 이 그림을 통해 나타내고자 한 것은 노골적으로 드러내는 성적 어필보다는 무언가 육체적인 것과는 상반되는 지적 일상에 몰두하는 여성의 성적 매력을 강조했을 가능성을 짐작해 볼 수 있다. 온몸에 지방이라고는 찾아볼 수가 없는 울퉁불퉁 근육질 남성들의 육체에서 섹시함을 느끼기보다는 무언가에 열중하는 남성에게서 성적 매력을 느낄 수 있는 것과 같다. 르누아르가 그린 뽀얀 피부, 육체의 풍만함, 그리고 수줍은 듯 뒤돌아 앉아 있는 자태는 여성의 섹시함으로 해석할 수 있지만, 이 그림의 반전은 작은 도구인 책이다. 뒤돌아 앉아 있는 모습은 일상을 뒤로하고 자기만의 시간과 공간을 확보하고 있는 이 여성의 책의 몰입도를 강조하고 있으며 여기에 어깨를 드러내고 어깨선 밑으로 늘어진 옷은 성적 매력보다는 외모에는 관심을 두지 않고 있다는 또 다른 독서의 몰입도를 설명하고 있다. 흐트러짐을 통해 몰입을 강조하는 것은 모순 같지만, 이 두 개의 상반된 이미지는 하나를 강조하는 콘트라스트 효과를 보여 주고 있다. 여성들의 외모에 대한 집착에 가까운 관심은 남성들의 관심을 유도하기 위한 것이기도 하

■ 책을 읽고 있는 소녀(1900),
피에르 오귀스트 르누아르(Pierre-Auguste Renoir), 개인 소장.

지만, 내적인 충족이 없는 여성들의 보상심리이기도 하다. 객관적 시각에 맞추어져 즉각적이며 단발적으로 자기 정체를 나타낼 수 있는 외모 가꾸기는 내적으로 만들어낸 주관적인 지적 이미지를 따라가지 못한다. 그 이유는 자아의 진정성 정도는 내적, 외적 표현에서 다르게 나타나기 때문이다. 흐트러진 외모에 관심 없이 뒤돌아 앉아 독서에 몰두하고 있는 모습은 여성의 지적 이미지를 표현하고 있다. 물론 이 해석은 르누아르가 전혀 예상치 못했던 것일 수도 있지만, 이러한 해석이 가능한 것은 외모 가꾸기에만 전념하고 있는 여성들이 놓치고 있는 내적 가꾸기의 가치를 되찾고 싶은 아쉬움이 컸기 때문이다.

> **호텔방(1931)**[*], 에드워드 호퍼(Edward Hopper), 마드리드, 티센보르네미사 미술관 소장.
>
> **293호 열차 C칸(1938)**[*], 에드워드 호퍼(Edward Hopper), 뉴욕, 아몽크 IBM 소장.

호퍼의 그림은 현대인들의 고독과 소외 등을 간결한 선과 면의 구도를 이용하여 단순한 회색 공간에 있는 인간의 단절된 관계로 표현하고 있다. 시멘트 콘크리트 건물 안이 아니더라도 자연색과 대립하는 회색의 이미지가 강하고 한 공간에 여러 명이 같이 있어도 각자의 고립된 시공간의 이미지가 극대화된 호퍼만의 색이 있다. 개별적 존재일 수밖에 없는 인간의 근원적 고독을 일상과 가정이라는 울타리를 벗어나는 여행 중 이용하게 되는 객차 안이나 호텔방을 배경으로 갇힌 공

----

[*] 저작권 문제로 작품을 싣지 못했습니다. 작품을 먼저 찾아보고 글을 읽으면 더 큰 공감을 느낄 수 있습니다.

간의 이미지와 함께 상징적으로 표현하고 있다. 호퍼가 전하고자 하는 복잡한 현대사회에서 관계의 단절을 경험하는 이 이중성은 이미 많은 평론가가 설명해 왔기 때문에 그림의 주인공인 여성성에 맞추어 젠더적 해석을 해보는 것도 그림의 새로운 발견이 될 것이다.

호퍼가 1931년에 그린 '호텔방'과 1938년에 그린 '293호 열차 C칸' 2개의 그림은 호텔과 객차 안이라는 배경은 다르지만 노마디즘이라는 공통된 개념을 가지고 있다. 노마디즘은 유목민의 특징이기는 하나 현대인들의 성향에서도 발견된다. 복잡한 사회에서 반복되는 일상을 살아가는 현대인들은 한 번쯤은 일상에서의 탈출과 어디론가의 떠남을 꿈꾼 적이 있을 것이다. 떠남은 휴식의 의미도 있지만, 일상의 속도를 늦추고 지루한 공간의 변화를 갖고 싶은 새로운 환경에 대한 동경일 수도 있다. 프랑스 철학자, 질 들뢰즈(Gilles Deleuze)에 의해 해석된 현대인들의 노마디즘은 한정된 공간에서의 재생산적 삶에서 탈출하려는 인간의 자연성에 기초한다. 기계적이고 반복적인 삶과 짜인 일상의 궤도에서 벗어나 자연의 하나로써 존재적 의식을 확인하고자 하는 노마드 기질은 남녀를 떠나 인간의 기본적인 욕구이기도 하다. 오히려 여성의 경우는 남성에 비해 떠도는 삶이나 떠나는 것에 익숙지 않을 뿐, 활동의 공간적 제한이 많아 노마드의 욕구가 더 클지도 모른다. 늘 가족과 한 묶음으로 정체성이 형성되어 있는 여성들이 가족을 떠나 혼자 어딘가로 가는 것은 자기의 일부를 떼어내는 모험이기도 하고, 또한 가족에게 여성의 오랜 외출은 가정의 질서가 무너지는 파괴를 의미하기도 한다. 그래서 여성의 노마디즘은 가슴속에만 묻어 놓은 가물거리는 향수로 이루지 못하는 것에 대한 욕구가 더해질 수도 있다. 에드워드 호퍼는 이들의 일탈 욕구를 화폭에서 실현시켜 주었다.

그러나 자유와 일탈의 여정은 완전한 삶의 변화를 가져다 주지는 않는다. 그림이 전하는 두 여성의 분위기는 그동안 짓눌렀던 아픔이나 관계에서 멀어져 있는 듯하지만, 그림은 인간의 굴레와 같은 존재의 외로움과 고독을 화폭 가득 품고 있다. 카뮈(Camus)의 실존적 허무가 인간의 일탈을 극대화하여 설명하는 것과 같은 맥락이지만, 그래도 안고 살아야 하는 시지프의 신화와 같은 삶의 무게도 느껴진다. 가족을 동반하지 않고 혼자 떠나온 그리고 떠나고 있는 이 여성들에게 이제 가족은 머릿속에 있지 않다. 만약 가족이 발목을 잡았다면 호텔과 객차 안에 혼자 앉아 있지 못했을 것이다. 이 그림이 주는 이미지는 그녀들의 일상이 어떠했는지가 관심의 대상이 아니라, 쳇바퀴 같은 일상을 일탈한 한 인간 개체의 존재성을 의미한다. 다른 한편 외부와의 단절을 의미하는 혼자 머무는 공간은 시간의 단절을 동반하는데 시간적 단절은 자의적이기도 하고 상황에 의해 강제성을 갖기도 한다. 이러한 단절된 상황에서 두 여성이 읽고 있는 책은 쉼 없이 흘러가는 시간의 흐름에 동반하여 지루함을 채워 주는 책이 아니라 모든 것이 멈춰진 상태에서 자기 속으로 들어가 새로운 시공간을 창출하는 생산적 가치를 더해 준다. 이들에게 책은 위로가 아닌 자아의 성찰적 도구가 된다. 또한 세상 밖이 아닌 무한한 자기 내면을 들여다보는 이 세상에 존재하지 않은 내적 망원경이 되어 새로운 경험으로 인도한다. 즉, 내적 사유의 노마디즘으로 생각하는 인간, 사유하는 인간의 내적 여행이다. 이것은 노마디즘이 현대인에게 건네주는 효과와 상통한다. 새로운 장소의 이동은 미지에 대한 관심 그리고 낯섦에서 시작되는 새로운 자아의 발견과 새로운 정체성을 만들어 주는데, 바로 이점이 이 여성들이 몰입하고 있는 책을 통해 만들어지는 것이다. 그러므로 객차 내와 호텔방은 세상 밖이 아닌 내면의 세계로 여행을 의미한다.

　호퍼는 현대인들의 단절과 소통 부재의 돌파구로써 여성들 손에 책을 들려 주었을 수도 있고, 아니면 혼자만의 세계에 몰입하는 더 강한 관계의 단절을 의미하고 있는지도 모른다. 그러나 혼자만의 시간이 관계의 단절만을 뜻하는 것은 아닐 것이다. 스스로에 대한 위로의 시간이 될 수도 있고 일상의 바퀴에서 한걸음 뒤로 물러 나와 일상의 가치를 객관적으로 볼 수 있는 생활 성찰이 될 수도 있다. 인간의 자기 존재에 대한 객관적인 확인은 이러한 도구를 이용할 때 가능하다. 이는 마치 인간이 자신의 얼굴을 잘 알고 있는 듯하지만 사실은 자신의 얼굴을 타인의 얼굴을 들여 다보는 것처럼 직접 보지는 못하는 것과 같다. 만일 자신의 얼굴을 반사해 보여 주는 거울이 없었다면 인간은 죽을 때까지 자기 정체성의 창인 얼굴을 전혀 볼 방법이 없었을 것이다. 그러므로 거울이 자신의 얼굴을 볼 수 있게 하는 객관적 관찰도구가 된다면 인간 내면의 자기를 들여다보는 관찰도구로 책만 한 것이 없을 것이다. 독서는 혼자 읽고 혼자 느끼는 지극히 개인의 경험적 도구이지만, 독서의 내용은 머릿속과 가슴속에 자기화되어 자신은 물론 타인과의 관계, 소통, 이해, 배려라는 인간 심성의 진실성을 뽑아내는 고갈되지 않는 내면의 지적, 감정적, 인간적 자산이 된다. 그러므로 에드워드 호퍼의 그림은 외로움과 소외보다는 자기 내면으로 여행을 하는 현대 여성의 노마디즘을 그리고 있다. 이러한 긍정적인 해석에 비해 그림의 분위기가 단조롭고 건조한 것은 내면의 여행을 강조하기 위해 자질구레한 일상과 물적 가치를 차단하는 의미이기도 하다. 이러한 여성의 고독과 내면의 노마디즘은 비롯 현대의 에드워드 호퍼만이 아니라 20세기 이전의 다른 화가들의 작품에서도 찾아볼 수 있다.

빌헬름 함메르쇼이는 집안 내부의 정적과 인간의 고독을 그린 화가로 유명하다. 이 두 개의 그림은 그의 부인인 이다가 책을 읽고 있는 장면과 텅 빈 공간에서 창문으로 길게 들어오는 햇빛을 받으며 책을 읽고 있는 여성을 그린 것으로 에드워드 호퍼의 그림처럼 실내를 단순한 몇 개의 면으로 처리하고 호퍼보다 더 간결한 무채색 톤을 사용하여 절제를 극대화하고 이 공간에 등을 돌리고 여성을 삽입하여 인간의 고독을 상징화하였다. 빌헬름 역시 이러한 고독을 탈출하는 도구로 책을 사용한 점은 호퍼와 같은 의미로 해석할 수 있다. 빌헬름이 그린 일련의 등을 돌리고 있는 여성 시리즈의 공통점은 갇힌 공간인 실내와 장식이 절제된 비움을 통해 존재의 고독을 강조한 것과 남성이 아닌 여성을 그려 넣음으로써 남성에 비해 사회성이 낮았던 시대에 여성의 단절과 이를 통한 여성 내면의 감성적 이미지를 표현한 것이다. 호퍼가 표현한 현대인들의 고독은 복잡한 사회현상과 극적인 대비를 보이지만, 빌헬름 그림은 여성의 사회성 단절을 통해 남성과 비

책을 읽고 있는 이다(1893),
빌헬름 함메르쇼이(Vilhelm Hammershøi), 예테보리, 예테보리 미술관 소장.

햇빛 속에서 첵을 읽는 여성(1900),
빌헬름 함메르쇼이(Vilhelm Hammershøi), 오슬로, 국립 미술관 소장.

교되는 상반된 이미지를 보여 주고 있다. 현대 사회 속에서의 고독이
건 남성과 차별적 관계에서의 외로움이건 고립된 상황에서 책을 통해
무한한 상상과 간접적 체험을 경험한 여성들은 남성보다 더 성숙한
자아를 발전시켜 포용력 있고 사려 깊은 외유내강의 이미지를 만들어
갔다.

물랑 정원에서 책을 읽고 있는 앨렌(1880),
앙리 후아르(Henri Rouart), 개인 소장.

덴마크인인 빌헬름과 같은 시대를 살았던 프랑스의 앙리 후아르 역
시 이러한 여성 이미지를 그리고 있어 공간을 초월한 우연일 수 있지
만, 여성들에 대한 남성적 시각의 동질성을 보여 주고 있다. 앙리 후
아르는 많은 사람이 모이는 정원을 배경으로 단 두 명의 여성을 대칭
적 구도로 잡고 최대한의 원근법으로 단절된 관계와 텅 빈 공간을 통
해 호퍼와 같은 고립된 고독을 그리고 있다. 후아르 역시 여성에서 책
을 들려 줌으로써 책을 통해 외적인 고독을 내적인 감성으로 치유하
는 여성들의 자기 찾기와 존재의 의미를 알려 주고 있다.

장미(1893), 패데르 세베린 크로이어(Peder Severin Kroyer), 덴마크, 스카겐 미술관 소장.

책을 읽는 방법과 장소는 개인의 취향과 습관에 따라 다양하다. 이
제까지 보았던 책을 읽는 여성들의 독서 공간은 방 안, 거실 등 집안
내부이고 시간은 일상을 마무리하고 쉬는 저녁 시간이 대부분이었다.
이는 여성들이 주 활동인 집안일을 다 마치고 하루 일을 마무리하는
시간을 이용하기 때문이다. 그러나 따뜻한 햇살이 가득한 오후에 햇
볕을 벗 삼아 나가는 바깥나들이가 아니더라도 집 안마당에 나와 시
간에 자신을 맡기고 따뜻한 온기를 느끼는 것도 생활에 충분한 재충
전이 될 뿐 아니라 자연과 함께 살아 있음을 느낄 수 있는 소중한 시
간이 될 수 있다. 이 그림의 장미꽃은 하얗게 내리쬐는 햇살과 잘 어

우러져 따사로운 오후의 한가로움을 나타내고 있다. 등이 눕혀진 간이 의자, 그 속에 푹 들어 앉아 책을 읽고 있는 여성, 나른한 포즈로 옆에 엎드려 있는 강아지 이 모두는 느린 박자인 안단테를 연출하고 있다. 안단테가 이어지다 보니 어느덧 시간이 정지된 것과 같은 고요함도 느껴진다. 이러한 시간 속에서 무언가를 읽고 있는 여성에게 독서는 편한 시간을 함께해 주는 동반자 역할을 한다. 따뜻한 햇볕을 자연스럽게 느끼듯이 책은 이 따사로움을 더해 주는 마음의 햇볕으로 넉넉한 여유로움을 준다.

이 그림의 제목은 독서가 아닌 '장미'이다. 제목과 관련하여 흐드러지게 만발한 흰 장미와 그 옆에 앉아 있는 책 읽는 여성을 동일한 자연으로 재해석할 수 있다. 몇 분 정도 정지된 상태에서 이 그림에 몰입해 보면 책을 읽고 있는 이 여성은 옆에 있는 수많은 장미꽃 중 하나로 인지된다. 인간의 존재는 자연과 구별되는 인간적 가치를 갖고 있지만, 주변 환경과 잘 어우러질 때는 자연 그 자체로 존재한다. 꽃이 적당한 습도와 온도 그리고 토양에 따라 그 아름다움이 최상에 미칠 수 있는 것과 마찬가지로 인간도 주변 환경과 토양에 따라 성격은 물론 성향까지도 변한다는 것을 인간 성격을 분석한 다양한 이론들이 입증하고 있다. 이런 의미에서 여성이 읽고 있는 책은 장미꽃에게 필요한 토양과 같은 인간 성장을 위한 토양적 기질을 갖고 있다. 그러므로 토양의 질이 나무나 꽃의 성장에 주는 영향처럼 책의 종류와 내용이 인간에게 주는 영향력도 매우 중요하다. 책의 영향력을 가장 극대화하여 보여 준 인물로는 비록 가상이지만 세르반테스(Cervantes)의

돈키호테를 들 수 있다. 그가 읽은 책의 내용이 기사도가 아닌 그 시대의 지성을 대표하는 철학이나 과학 서적이었다면 그는 좀 더 현명하고 행동을 자제할 줄 아는 이성적 인간형으로 후세에 남겨졌을 것이다. 인간이 자연과 다른 점은 자기의 의지가 있는 것이며 이 의지는 노력으로 해석할 수 있다. 만일 돈키호테에게 독서에 대한 열정과 의지가 없었다면 비록 엉뚱하기는 하지만 강한 존재감은 없었을 것이다. 이 여인이 읽고 있는 책은 아마 지금 이 순간 이후 이 여성의 삶에 토양이 되어 자기만의 색을 지닌 여성으로 만들어 줄 것이다. 이런 의미에서 책은 외적인 꾸밈을 능가하는 내적 꾸밈의 도구로써 실내, 부엌, 아기가 자는 방, 집 안의 뜰 그리고 여행길 등 어느 곳, 어느 시간에서나 평생 동반해야 할 생활 품목이 되어 지혜로운 여성으로 성장하도록 만들어 준다.

피아노 치는 소녀들(1892),
피에르 오귀스트 르누아르(Pierre-Auguste Renoir), 파리, 오르세 박물관 소장.

책을 읽고 있는 소녀들 (1890~1891),
피에르 오귀스트 르누아르(Pierre-Auguste Renoir), 로스앤젤레스, LA 키운디 미술관 소장.

르누아르의 그림들은 색깔과 붓 터치에서 부드러움과 따뜻함, 안정과 경쾌함이 표현되어 있다. 더욱이 음악과 책에 열중하면서 새로운 지적 세계를 알아가고 있는 그림의 소녀들이 머리를 맞대고 함께 몰두하고 있는 장면은 부드러운 미술적 기법과 잘 조화되어 정서적 안정감을 느끼게 한다. 이 그림은 여성들의 지식기반이 되는 독서와 감성을 자극하고 삶을 풍요롭게 하는 음악 수업을 받는 19세기 말 여성 교육의 모습을 보여 주고 있다. 플라톤이 교육의 균형은 곧 영혼의 균형을 의미한다고 했듯이 이 두 소녀가 접하는 교육은 이들 영혼의 균형적 성장을 이루는데 기초가 된다. 교육을 통해 끊임없이 일어나는 지적 호기심은 인생의 다양한 행복감을 제공할 뿐 아니라 인성을 완성해 가는 초석이 되어 인간에 대한 예의를 갖출 줄 하는 심성을 만들어 주기도 한다. 이러한 기능을 갖춘 교육을 당시 여성들은 가정이라는 제한된 공간에서만 받았지만, 이러한 작은 시작은 여성들의 지적 욕구를 자극하기에 충분했다. 오히려 제한되고 금지된 것에 대한 욕구가 더욱더 여성들의 교육에 대한 열의를 키워 주는 동기가 되었다.

세대로 전승되는 사회문화적 재생산은 이전 세대들이 가지고 있었던 욕구의 양과 비례하여 더 큰 양적 확산을 이루어 왔다. 그러므로 특정 계층으로만 제한되었던 여성 교육은 보편적 교육 욕구를 촉진했으며 제한적이었던 교육의 종류는 다양한 교육에 대한 욕구를 자극하여 세대로 이어지는 여성 교육의 재생산은 양적 확산과 함께 질적 발전을 이루어 왔다. 이러한 의미에서 이 그림은 여성 교육의 여명을 알리는 중요한 뜻을 담고 있다. 함께 학습하는 이 두 소녀의 모습은 21

세기에 들어와서는 모든 여성이 교육에 몰두하는 모습으로 변하였고, 음악과 독서 교육은 모든 학문으로 영역이 확산되어 남녀불평등이 존재하는 오늘날 사회에서 그나마 교육에서 만큼은 남녀평등을 이루었다. 이처럼 교육에 남녀평등이 이루어진 것은 여러 가지 다른 요인들도 있지만 제한된 상황에서 더욱더 부각된 여성들의 지적 호기심이 주요한 역할을 했음은 누구도 부정할 수 없을 것이다.

2/
여성의 굴레를 벗은
소설 속
주인공들

버지니아 울프 초상화(1917),
로저 프라이(Roger Fry), 개인 소장.

20세기 초반 여전히 남성우월주의가 지배적인 사회에서 독립적이고

강한 자아를 가진 버지니아 울프(Virginia Woolf)는 자신의 페미니즘적

메시지를 글을 통해 사회에 내놓았다. 그녀의 삶 자체가 이미 전통적인 성적 역할에서 벗어나 있어 그녀가 꾸렸던 가정은 규범적 형태를 벗어난 자신만의 독특한 개념의 탈규범적 형태였으며 남편과의 관계에서도 상당히 독립적인 요구를 해 당시에 흔치 않았던 자기중심적인 여성이었다. 결국 그녀는 신경 정신적 질병과 고뇌로 자살이라는 극단적인 방법으로 생을 마감하게 된다. 그녀가 평범하게 자녀를 출산하고 남편에게 의지하면서 살았다면 가족의 지지로 극적인 사망을 이루지 않았을 거라는 추측을 해 볼 수 있다. 하지만 버지니아 울프는 타인의 평판이나 사회적 편견에 힘들어 했다기보다는 자신의 정체성과 존재 자체의 고민에 대한 해답을 찾아 헤매다 죽음을 선택했다고 볼 수 있어, 당시 여성들의 수동적인 삶에 대한 도전의식이 강했음을 알 수 있다.

버지니아 울프의 대표작인 『댈러웨이 부인』은 페미니즘적 시각보다는 의식의 흐름을 따라가는 글쓰기의 기법으로 문학적인 평가가 더 큰 작품이다. 오히려 페미니즘적 해석은 이후 1998년, 마이클 커닝햄(Michael Cunningham)이 『댈러웨이 부인』을 조금 변형해 쓴 소설 『세월』과 이를 영화화한 '디 아워스(The Hours)'에 잘 나타나 있다. 이 책은 서로 다른 세대를 사는 세 여성의 이야기로 1세대는 1923년을 사는 버지니아 울프의 이야기, 2세대는 1949년 버지니아 울프의 『댈러웨이 부인』을 읽으면서 평범한 생활을 하는 전형적인 가정주부, 마지막은 양성애자인 전문직 여성의 이야기이다. 1세대인 버지니아 울프의 삶은 부엌에서 요리를 하고 아이를 키우는 여성이 아니라 글을 쓰는 작업을 통해 자신을 확인하고 자아를 찾아 헤매다 자살하는 이야기로 페미니즘의 태동기라 할 수 있다. 두 번째 여성은 전형적인 가정주부로 아들과 남편 뒷바라지를 하면서 틈틈이 『댈러웨이 부인』과 같은 책을 읽는다. 그러나 이러한 자기가 없는 평범한 일상에서 자기를 발견하고자 하는 욕구가 마음 깊은 곳에서 일어나기 시작한다. 가정과 가족이 아닌 자아를 찾아 이제까지의 삶, 더욱이 사랑하는 아들까지 놓고 가야 하는 자기 찾기의 딜레마에서 결국 새로운 출발을 감행하게 된다. 여성에게 가정이 전부가 아니고 그 어딘가에 있을 것 같은 자기의 세계에 대한 무모한 도전일 수 있지만, 그만큼의 가치가 더욱더 부각이 된다. 1세대의 버지니아 울프가 자살로 자기를 찾으려 했다면 이 여성은 그것을 찾기 위해 세상 밖으로 나간 것이다. 마지막 세 번째, 양성애자인 여성은 우선 가부장제 전통사회가 주장하는 이성애에 대한 반기를 들면서 여성들의 선택권에 대한 이야기를 풀어 간다. 동성애자와 동거를 하면서 전 애인이었던 남성의 출판파티를 준비하는 여성의 모습에서 우리는 성적 자유로움을 읽을 수 있다. 한 세기의 시간 속에서 이루어진 3세대에 걸친 여성의식의 변화는 여성의 독립적인 정체성에 초점을 맞추고 있지만, 이제는 이러한 새로운 정체성이 남성의 정체성과 통합 배치되는 과정에 주목하면서 새로운 남녀관계에서 창출되는 새로운 여성 이미지를 기대하게 된다

『인형의 집(1879)』 헨릭 입센(Henrik Ibsen)의 희곡

여성의 문제를 다룬 또 다른 책으로는 1879년에 발표된 헨릭 입센의 희곡 『인형의 집』을 들 수 있다. 여성의 독립적 자아에 대한 문제를 제기한 이 작품은 당시 상당한 논쟁을 불러일으키면서 작품이 무대에 오르지 못하기까지 했다. 논쟁의 초점은 이 여성이 집을 떠나는 행동 자체가 사회질서를 파괴하는 도전적 행동이라는 점에 맞추어져 있었다. 비판이 가능했던 것은 여성에게 가출은 일종의 직무유기인 동시에 도덕적 일탈이라는 의식이 기반이 되어 있었기 때문이다. 남성에 의해 보호되는 대신 수동적인 삶을 수용해야 하는 여성의 지위가 불변의 사회 진리로 정의되었던 사회에서 감히 이런 생각을 하는 것 자체가 충분한 비판을 불러올 수 있었다. 우리나라 유교에서 제시한 여성의 종속적 지위 개념과 같이 로라는 결혼 전 아버지로부터 인형과 같은 보호를 받는다. 결혼한 후에는 남편의 보호 아래 삶을 살다가 하나의 사건으로 남편 사랑의 진실성을 의심하게 된다. 남편에 대한 실망감과 함께 인격적인 동등한 부부관계가 아닌 인형과 같은 존재에 불과했던 자신의 존재에 대한 내적 갈등은 결국 자신을 인형처럼 대했던 남편의 집을 나오는 결단으로 해결한다. 집을 나온다는 것은 이제까지 머물러 있던 삶의 터전을 떠나는 위험한 도전이며 엄청난 결심이기도 하지만, 한편으로는 사회적 굴레라는 알에서 깨어 나오는 새로운 시작의 상징적인 의미도 있다. 사회적 편견, 인습 등 사회문화적으로 여성의 굴레가 된 밀폐된 사회구조를 깨는 과감한 행동으로 이제는 누군가에 의해 살아야 했던 과거의 삶을 버리고 자신이 주인이 되는 경험하지 못했던 미지의 세계로 발을 들여놓은 것이다. 이러한 행동은 노라의 자존감인 동시에 자신에게 주어진 삶에 대한 진정성을 찾고자 하는 결단력이다. 그러므로 이 소설은 여성들의 자주적 삶을 촉구하는 의미도 있지만, 자기 삶이 지닌 가치에 대한 확고한 신념의 중요성도 포함되어 있다. 그럼에도 불구하고 당시 노라를 향했던 사회적 반응이 오늘날에도 존재하고 있는 것은 자신의 가치를 타인의 가치와 화합하고 조절하는 관계 중심적인 인간의 삶에서 여성의 존재가치를 받아들이는 사회구조가 아직도 남성중심에 있기 때문이다.

다른 한편으로 생각해 볼 수 있는 것은 가정의 가치에 대한 현대적 재해석이다. 당시 사회는 여성들이 그들에게 절대적 가치였던 가정을 포기하고 신성한 의무였던 집안일을 버리는 것을 존재의 근간을 뿌리째 뽑는 무모한 행동으로 평가하였기 때문에 비난이 가능했다. 그러나 개인이 중심이 된 현대사회에서는 개인의 가치가 그 어느 가치보다 우선되어 개인들은 스스로가 만들어 가는 삶에 대한 애착과 열정이 커지는데 이러한 변화에 여성도 예외가 아니다. 오늘날 여성들에게 가정은 자신의 가치를 전세로 한 공동체 개념이지, 자신의 가치보다 우선적으로 존재하는 곳은 아니다. 당시 노라는 남편에 대한 배신감이 단초가 되어 이 사건을 통해 자신을 보게 되었고, 자신의 가치를 가정의 가치보다 더 크게 인식하였다. 타인과 사회에 의해 길들여지고 순종에 익숙했던 여성들에게 노라의 이러한 행동은 수세기를 이어 내려온 여성 지위에 대한 반격이 아닐 수 없다. 그러므로 노라의 이야기는 가출 이후 불확실한 행동의 결과보다는 행동 자체가 가진 페미니즘적 사고가 더 큰 의미를 지니고 있다.

이 작품에서 한 가지 더 흥미로운 것은 이 희곡을 쓴 작가가 남성인 점이다. 일반적으로 문제의식은 문제로 인해 피해를 받은 사람들이 갖게 되고 이를 해결하기 위한 여러 가지 방법을 모색하기 마련이다. 그러나 이미 구조적으로 남성우선권이 지배적인 사회에서 가부장적 권력을 갖고 여성위에 군림하려 했던 남성 중 한 명이 종속적인 여성들의 삶에 대해 근원적인 질문을 제시한 것이다. 입센은 남성에 의해 삶이 조절되는 여성들의 독립적인 자아를 깨워 여성들이 가정이라는 울타리 밖의 세상으로 나가야 하는 당위성을 남성의 비인간적인 태도를 통해 알리고 있다. 이 작품이 가진 페미니즘적 가치도 중요하지만, 더불어 사회문제의 의식을 가진 작가 입센의 가치도 한 번쯤 생각해 볼 필요가 있다. 그는 여성은 인형이 아닌 남성과 동등한 존재 개체로서의 여성이어야 하고 이를 완성하기 위해서는 여성 스스로 노력이 필요하다는 것을 이 작품을 통해 주장하고 있다.

『마담 보바리(1856)』,
귀스타브 플로베르
(Gustave Flaubert)

배 안의 젊은 여성(1870),
제임스 티소(James Tissot), 개인 소장.

    인간은 책을 통해 정보도 얻지만, 사유하는 능력도 배우게 된다. 또한 독자들은 책 내용의 진실성과 허구성을 고려하지 않고 때로는 포장된 인물을 모방하려는 허구의 실제화를 시도하기도 한다. 이러한 모방의 효과가 비극으로 결론을 맺는 작품을 들자면 단연 귀스타브 플로베르의『마담 보바리』를 꼽을 수 있다. 줄거리를 요약하면 수녀원에서 교육을 받은 엠마는 경제적 안정이 보장된 의사 보바리와 결혼을 하지만, 단조로운 시골생활을 지루해 한다. 그러다 이러한 생활에 반전을 준 남성과의 사랑으로 결국은 자신과 남편 모두 자살을 하게 되는 이야기이다.

    이 작품은 기혼여성의 도덕적 일탈에 대한 사회적 고발과 함께 여성의 복잡한 심리상태를 보여 주고 있다. 이후 정신심리학 분야에서 정서장애 용어의 하나로 '보바리즘'이라는 용어가 만들어져 감정적, 사회적으로 불만족스러운 상태, 또는 지나치게 거대하고 헛된 야망, 그리고 상상과 소설 속으로의 도피라는 뜻으로 사용되고 있다. 그녀는 결혼 전 늘 낭만주의 소설을 탐독하여 소설 속에 나타난 화려한 결혼생활을 동경하게 된다. 그리고 실제로 결혼이 이를 현실화 시켜줄 것이라는 확신을 갖고 결혼을 하지만 그녀의 생각과는 다르게 결혼생활은 늘 단조롭고 건조했다. 그러나 그녀는 꿈에 그리던 낭만적인 생활을 포기하지 않고 여전히 먼 곳에 잡히지 않는 이상향을 향해 자신의 공간을 채우려 했다. 그래서 이 여성이 마지막에 자살한 것은 안나 카레리나처럼 이루지 못한 사랑 때문이 아니라 사치와 허세를 위해 사용했던 눈덩이처럼 불어난 빚 때문이었다. 이상을 꿈꾸는 것은 인간을 발전시키는 동력이 되지만, 현실의 가치를 인정하지 않는 이상은 헛된 환상임을 알려 준 작품이다.

　이 작품을 통해 마담 보바리가 결혼 전에 읽은 책이 보여 준 이상적인 삶이란 무엇인가? 꿈꾸는 삶이란 무엇인가? 이성에 기초한 현명하다는 것은 무엇인가? 하는 질문과 함께 여성의 삶을 들여다볼 필요가 있다. 사랑과 호화로운 상류사회를 꿈꾸었던 마담 보바리의 삶이 불행했던 것은 그녀의 현실이 이를 채워 주지 못했던 것보다는 자기 삶의 주체적 의식을 가지고 있지 못했기 때문이다. 바로 이점은 마담 보바리뿐만 아니라 많은 여성이 인지하지 못하는 여성들의 아킬레스건이기도 하다. 즉, 보바리 부인은 자존감의 결여로 외적인 드러남과 객관적인 평가에 너무 민감했다. 이성보다는 감정적인 생활에 대한 동경과 이를 위한 지나친 사지 등은 자기 불만족의 완전체로 비극은 이미

예고된 것이었다.

있는 그대로의 자기를 사랑할 줄 모르는 사람은 내가 아닌 남의 것에 관심이 집중되어 있고 내가 아닌 남으로 살아가기 때문에 그 차이를 극복하지 못하고 불행해 질 수밖에 없다. 인간은 누구나 결핍된 부분들을 안고 살게 되지만 결핍을 채우는 방법에 따라 인격이 다르게 형성된다. 마담보바리는 결핍된 부분을 다른 사람들의 것으로 채우려 했기 때문에 스스로 파멸의 길로 들어선 것이다. 만일 마담 보바리가 결혼 전에 자신을 성찰할 수 있는 책을 많이 읽었다면 만족하지 못한 삶이라도 좀 더 현명하게 이끌어 갈 수 있었을 것이다.

3/
국가를 위한
여성들의 행동

홀로페르네스의 목을 치는 유딧(1620~1621), 아르테미시아 젠틸레스키(Artemisia Gentileschi), 피렌체, 우피치 갤러리 소장.

구약성서에는 많은 여성이 등장하는데 그중 유딧서에는 나라를 구하는 여성의 활약상이 나온다. 평범한 유대 여인 유딧은 이스라엘의 적군 장군인 홀로페르네스의 목을 베어 적들을 경악시키면서 이스라엘을 구한다. 성서의 내용은 이 여성이 이스라엘을 구하기 위해 하느님께 의지하는 신념, 그리고 이 여성을 돕는 신의 가호 등이 이야기의 핵심이 되지만 여성인 유딧의 대담성, 가치관, 국가관 그리고 그녀의 용기는 나약함과 순종만으로 일관되었던 당시의 여성성을 뛰어넘는 상상을 초월한 것이다. 당시 집안일로 행동반경이 집에만 국한되어 있었던 여성들의 세계는 관심사도 가족과 친인척으로 제한되어 사회나 국가에 대한 관심은 극히 일부에 지나지 않았다. 국가관이나 세계관을 형성할 수 있는 교육이나 외부 정보가 제공되었더라면 혁명적인 투사까지는 아니더라도 사회문제에 대한 자기 의견이나 비판을 할 수가 있었겠지만, 이를 가능케 한 정보의 접근성이나 환경이 전혀 없었기 때문에 여성들이 국가의 일이나 사회문제에 관심을 갖고 이에 적극적인 참여를 하는 경우는 거의 드물었다.

또한 역사를 통해 보면 여성들이 이러한 용기를 가지고 있었다 하더라도 대부분 사회문화적 규범에 의해 현실화되지 못하였다. 지식은 정보나 교육을 통해 습득되고 이러한 지식은 인간의 가치관 형성에 기본요인이 되어 인지능력과 지적개발에 영향을 주게 된다. 그래서 당시 여성들의 제한된 지식환경을 고려해 보면 국가를 생각하고 그 국가를 위해 자신을 던질 수 있는 유딧의 용기가 어디에서 나온 것인지 다소 경이롭기까지 하다. 적장을 죽이는 것에 그치지 않고 그의 목을 베어 사람들에게 보여 줌으로써 적군들을 공포로 몰아넣은 이중의 효과는 과부로 살아온 이 여성의 삶을 비추어 보면 실로 대단한 용기이다.

구약 내용에 성서와는 동떨어진 의미를 너무 많이 부여하는 것 같지만, 우리는 이 이야기를 통해 여성의 새로운 이미지를 찾아볼 수 있다. 그 이유는 이 그림을 그린 화가의 이야기가 더욱더 유명하기 때문이기도 하다. 이 화가는 16세기 당시 여성이기 때문에 받아야 하는 여러 가지 사회적 제약, 편견, 그리고 규범의 피해자로 한 사건을 겪은 이후에 이 그림을 그렸다고 전해진다. 당시 그림에 소질이 있었던 아르테미시아 젠틸레스키는 여자라는 이유로 제도적인 미술 교육을 받을 수 없어 아버지의 친구인 타시라는 화가의 견습생으로 들어가 미술을 배우게 되는데 수련과정에서 스승으로부터 성폭행을 당하게 된다. 그녀는 사회적 질타와 법정 소송까지의 험난한 과정을 겪으면서 자신의 피해를 호소하였지만, 당시 사회적 편견은 그녀의 피해를 외면하고 옹호하지 않았다. 이로 인해 그녀는 매우 큰 정신적 피해를 입게 된다. 긴 싸움과 힘든 시간 끝에 그녀의 무고가 입증된 이후 그녀는 그동안 받았던 분노를 이 그림을 통해 과감히 드러내고 있다. 목이 잘리는 적장 홀로페르네스는 가해자인 스승 타시를 상징하고 적장의 목을 찌르는 유딧은 그녀 자신을 상징하면서 자신의 증오와 분노를 유딧 얼굴을 통해 그대로 보여 주었다. 유딧의 침착함과 강인함 그리고 목숨을 걸고 적장을 죽이는 이 장면을 화가는 자신을 성폭행한 남성의 비인간적인 행동에 대한 그녀의 증오와 분노로 대치시키면서 너무나 리얼하게 복수를 묘사하였다. 부당한 것에 대한 확고한 신념과 행동의 적

극성은 근엄하기까지 하며 이러한 위엄은 결의에 찬 표정과 더불어 걷
어 올린 옷소매를 통해 강하게 표현하고 있다. 부엌일을 하거나 집 청
소를 할 때 늘 걷어 올리는 소매가 이런 행동에서도 나타나는 것은
가정 역할만 하던 여성들의 다른 면모를 보여 주는 상징성을 띠고 있
다. 성서 이야기와 그녀 자신의 이야기는 내용이 전혀 다르지만, 하나
의 강한 공통점은 불의에 대한 용감성이다. 일반적으로 생각하고 있
는 여성성은 이러한 상황에서 소극적일 수밖에 없고 피해자이면서도
자신의 권리를 주장하는데 주저하기 마련이다. 그러나 나라를 구한
유딧과 자존감을 구한 화가 아르테미시아에서 우리는 여성이 아닌 한
인간, 그것도 남성을 능가하는 용감한 인간을 볼 수 있다.

오를레앙으로 들어오는 잔 다르크(1887), 장 자크 쉐레
(Jean-Jacques Scherrer), 오를레앙, 보자르 미술관 소장.

포로가 된 잔 다르크(1850), 아돌프 딜렌스 (Adolphe
Dillens), 상트페테르부르크 박물관 소장.

14세기와 15세기(1337년부터 1453년)를 거쳐 무려 116년 동안 치러진 프랑스와 잉글랜드 간 100년 전쟁의 영웅은 남성이 아닌 여성 잔 다르크이다. 잔 다르크의 용기와 애국심은 오늘날까지 이어 와 프랑스의 수호성인으로 추대받고 있다. 철저하게 남성들만의 공간이었던 전쟁터에 여성이 관심을 갖는 것도 드물었던 시대에 어린 나이로 전장으로 뛰어든 잔 다르크의 용기는 오늘날에도 일반인이 감히 생각하지도 못할 과감함을 보여 주었다. 이러한 그녀의 용기는 교육이나 부모의 영향이 아닌 신의 계시였다고 전해진다. 17세라는 어린 나이에 신의 목소리를 듣고 전쟁에 참가하겠다는 그녀의 명분은 당시 주변 사람들의 설득력을 얻지 못했을 뿐 아니라 현실적이지도 않았다. 그러나 그녀의 집요한 설득과 여러 가지 시험을 거쳐 신의 계시가 검증되어 결국 그녀는 전쟁에 참가할 수 있었다.

　환시와 환청이라 하더라고 그녀의 믿음과 그 믿음으로부터 나오는 용기 그리고 애국심은 이러한 분분한 의견들을 다 덮을 수 있을 정도로 당시 전쟁에 큰 영향을 주었다. 후세 역사학자들은 남성을 능가하는 전술과 용맹을 이야기하기도 하고, 그녀의 용맹이 군인들의 전투사기를 높이는 역할만 했다고 이야기하기도 한다. 하지만 그녀가 포로로 잡힌 이후 영국과 프랑스 정부의 반응을 보면 당시 그녀의 전투 실력과 영향력을 충분히 짐작할 수 있다. 국가 위기 앞에서 자신의 모든 것을 바친 그녀가 보여 준 용기는 새로운 여성 이미지뿐만 아니라 투철한 신앙과 애국적인 국가관을 의미하고 있다. 14세기는 여성을 여전히 악마, 마녀로 상징화하고 여성의 인간성 존재를 부인했던 사회이다. 또한 여성의 존재는 남성의 소유나 종속관계보다 더 잔인한 남성과 사회에 해가 되는 존재로 여겨 왔다. 이러한 사회적 편견 속에 잔 다르크가 전쟁에 참가할 수 있었던 과정은 수월치 않았지만, 18세 미성년을 갓 지난 그녀의 용감성과 자신에게 부여된 역할에 대한 책임 감은 프랑스를 승리로 이끌었다. 그녀 덕에 샤를 7세는 왕좌에 오르게 된다. 그러나 이후 이 왕의 배신으로 잔 다르크는 극적인 반전을 맞게 된다. 계속된 전쟁에서 결국 잔 다르크는 잉글랜드의 포로가 되어 그녀의 용맹한 전투는 끝이 나고 애국심은 마음에만 간직할 수밖에 없게 된다. 당시 샤를 7세는 왕의 권한으로 그녀를 충분히 구할 수 있었지만, 왕은 그녀에 대한 보답보다는 왕보다 더 국민의 지지와 인기를 받고 있는 이 어린 여성에 대한 반감과 질투로 잔 다르크를 보호하지 않게 된다. 흔히들 질투는 여성들의 감정으로만 표현되지만, 이 프랑스 왕의 질투는 국가 영웅의 가치를 땅에 버리는 배신으로 나타났으며 그녀의 용맹은 전장에서만 유효했고 아무도 지지하지 않는 혼자만의 변론을 하다 끝내 화형장에서 이 세상을 마감하게 된다. 600년이 지난 지금도 프랑스 루앙의 화형터에는 그녀의 신앙과 믿음의 강한 흔적이 남아 있다. 흔히들 표현하는 짧고 굵게 살다간 그녀의 인생은 흔들림 없는 신앙이 준 용기로 나라를 구한 보기 드문 여성 영웅의 삶이었다. 화형 이후 그녀에 대한 혐의가 모두 무죄로 인정받아 성인으로 시성이 되지만, 이 추대는 너무 허허롭기만 하고 의미가 없어 보인다. 용감한 잔 다르크에게는 자신의 신앙과 믿음에 충실했던 그 행동 자체가 중요했다. 결과에 연연해 하지 않는 인생은 과정에 더 충실할 수 있다. 신에 대한 믿음을 간직한 잔 다르크는 결과를 모두 신의 판단에 맡기고 자기 헌신에만 충실했기 때문에 더 용맹할 수 있었을 것이다. 추호의 의심도 없는 그녀의 신앙과 이를 기반으로 한 그녀의 자신에 대한 믿음을 두고 여성과 남성을 구분하는 자체가 너무 무의미하고 성적 역할의 이분법이 너무 초라하게 느껴진다. 여성이나 남성이라는 것보다는 나의 존재와 신념이 더 중요하다는 것을 확인시켜 주는 그림이다.

4/
남성들의 세계로
들어선 여성들

 **아테네 학당(1509~1510)**, 라파엘로 산치오(Raffaello Sanzio), 로마, 바티칸 미술관 소장.

라파엘로가 그린 아테네 학당에는 당대 최고의 학자들이 등장한다. 그림 중앙에 플라톤과 아리스토텔레스를 비롯하여 소크라테스, 디오게네스 등 철학, 문학, 수학 등 거의 모든 학문의 대학자들이 모여 있다. 대부분이 남성이지만, 여성들도 눈에 띄는데 몇몇 안 되는 이들 중 여성 최초의 수학자 히파티아(Hypatia)를 찾아볼 수 있다. 4세기 초 이집트 알렉산드리아에서 태어난 이 여성의 지적 능력과 학자로서의 재능 그리고 왕성한 지적 욕구는 그녀의 가정환경과 당시 알렉산드리아 지리적 환경에서 비롯되었다. 당시 그녀가 살았던 이집트 알렉산드리아는 아프리카 대륙 북쪽에 자리 잡은 항구도시로 세계 도처에서

온 많은 상인이 모이는 곳이었을 뿐 아니라 학문적 교류가 활발하게 이루어진 곳이었으며 더욱이 세계 최대 규모의 도서관이 있어 그녀의 지적 호기심을 채워 주기에 충분한 환경을 갖고 있었다. 그러나 이러한 환경보다 그녀를 대학자로 성장하게 한 것은 그녀 아버지의 교육 방법이었다. 역시 당대 최고의 수학자였던 아버지 테온은 여성에 대한 편견 없이 그녀

를 가르치면서 그녀 안에 있는 지적 욕구를 최대한으로 끌어냈다. 이러한 아버지 덕택에 그녀는 수학뿐 아니라 당시 많은 학자들이 통합적 지식을 섭렵했던 것처럼 천문학, 철학에도 높은 식견을 지녀 남성들만의 세계에서도 뛰어난 능력을 보여 주어 여성의 지적 가능성은 물론 인간의 무한한 가능성을 보여 주었다. 흔히들 교육 환경의 중요성을 이야기할 때 맹자의 모친을 들고 있지만, 히파티아 부친의 교육열은 부모 역할과 스승 역할을 동시에 수행함으로써 교육의 효과를 최상으로 만들었다. 그러나 이보다도 더 의미와 가치가 있는 것은 당시 여성에 대한 편견 없이 딸에게 최상의 교육을 제공한 점이다. 자녀의 잠재력을 가장 잘 파악할 수 있는 사람은 바로 늘 옆에서 자녀를 관찰할 수 있는 부모이다. 일찍이 딸의 지적능력을 간파한 아버지는 당시 여성에게는 주어지지 않은 교육적 지원을 아끼지 않았으며 단지 지식을 가르치는 것에 그치지 않고, 그녀의 냉철한 지식 세계와 객관적인 지적 판단을 위해 많은 조언과 훈련을 아끼지 않았다고 전해지고 있다. 특히 그녀의 아버지는 신앙의 편협성으로 이성적 논리가 흐려지는 것을 철저히 차단하기 위해 종교적 중립성을 지키도록 교육했다. 이렇게 완벽에 가까운 학자적 환경으로 그녀의 지적 수준은 인류 역사에 남을 만큼 높은 수준이었다. 특정 종교를 갖지 않는 것은 지적 활동을 하는 그녀에게 객관적이고 냉철한 사유를 가능케 했지만, 그녀가 강의한 철학은 기독교인들에게 이단 종교로 받아들여졌고 그녀의 이성적 사유는 그리스도 사상에 반대된다고 판단한 광신 기독교들에게는 마귀와 같은 존재였다. 이러한 광신 기독교들의 그릇된 판단으로 그녀가 이루어 놓은 많은 업적이 불에 태워지고 그녀는 죽임을 당하게 되는 비극으로 생을 마감했다.

잔 다르크가 초월적인 기독교의 신앙심으로 나라를 구한 것과는 대조적으로 기독교의 그릇된 광적인 신앙인들로 인해 인류 역사에 큰 업적을 남긴 이 여성은 너무나 잔인한 죽음을 맞아 이 여성이 일생을 바쳐온 지식과 함께 이 세상에서 사라져 갔다. 아테네 학당 그림 속에 있는 당대의 저명한 학자들은 모두 자신들의 이론과 논리를 설명하느라 바쁘지만, 히파티아는 홀로 그림 밖 관중을 뚫어지게 쳐다보고 있다. 지적인 냉정함이 지나쳐 다소 냉소적이기도 한 표정을 한 그녀의 얼굴에는 그 어떠한 억압에도 자신의 진리와 학문적 신념을 굽히지 않는 결의가 들어 있다. 시대를 잘못 태어난 그녀의 운명이 안타깝지만, 자신의 신념에 대한 확고한 의지, 지식의 객관적 가치에 대한 확고한 주장 등을 통해 죽음을 초월하는 용맹성을 지닌 여성의 새로운 이미지를 제시하여 2,000년이 지난 오늘날에도 그녀의 사상과 신념은 시간과 공간을 초월하여 큰 영향을 주고 있다. 여성의 사회적 역할이 전무했던 시대에 새로운 여성상을 제시한 재색을 겸비했던 히파티아는 여성 잠재력의 무한성을 증거한 인물이었지만, 당시 불변의 진리와도 같았던 성적차별에 대해 냉철한 객관적 의견을 가졌던 아버지 테온이 없었다면 아마 수학자 히피티아는 존재하지 못했을 것이다.

마리 퀴리(Marie Curie)와 피에르 퀴리(Pierre Curie) 부부의 동상, 파리, 마리 퀴리 연구소 소장.

히파티아 이후 거의 18세기를 거쳐 오면서 여성들의 역할 지위는 변함이 없었으며 사회문화의 젠더적차별은 교육의 기회에서도 예외가 아니었다. 여성들에게는 생활에 필요한 기초적인 교육만 제공되었고 여성의 학문적 능력을 키우고 발전시킬 사회적 교육 인프라가 없었기 때문에 전문적인 학문, 특히 과학 분야에서는 능력 있는 여성들을 거의 찾아볼 수가 없었다. 그러나 18세기 말부터 일부 사회에서는 남녀평등에 대한 인식이 생기면서 여성에게도 교육 기회의 문이 조금씩 개방되기 시작하였는데 당시 프랑스는 1789년 대혁명의 주요 개념 중 하나인 평등과 공화주의를 바탕으로 국민의 권리가 교육으로까지 확대되어 여성에게도 남성과 동등한 교육의 기회를 제공하기 시작했다.

이러한 기회는 외국 여성들에게도 허용되어, 여성으로서 자신의 능력을 개발하고 발전시킨 가장 대표적인 인물이 마리 퀴리이다. 그녀의 고국 폴란드는 당시 여성의 대학 진학이 허락되지 않아 학구적 열망을 가진 마리 퀴리는 파리로 유학을 결심하게 된다. 집안 형편이 넉넉하지 않았던 그녀에게 비싼 비용을 감당해야 하는 유학 결정은 쉬운 것이 아니었다. 더욱이 여성의 가정에서의 역할만을 강조했던 사회적 인식과 전문직 여성, 특히 여성 과학자에 대한 신뢰가 낮았던 19세기에 여러 가지 사회적 편견에 맞서야 하는 정서적 어려움도 상당했다. 그러나 그녀는 강한 지적 욕구와 자신의 목표를 위해 지니고 있었던 결단력으로 이러한 여러 가지 어려움을 이겨낼 수 있었다. 무릇 인간의 용기라는 것은 뚜렷한 목표 의식이 기반이 되었을 때 그 진가를 발휘하는 것이기에 그녀의 가난과 힘든 유학생활 그리고 가정과 연구를 병행하는 여러 가지 어려움은 그녀의 뚜렷한 삶의 목표와 학자로서의 목적 의식으로 이겨낼 수 있었다. 여기에 행운이 있었다면 그녀가 같은 분야에서 일하는 남편을 만난 것이다. 같은 분야에서 일했던 남편의 그녀에 대한 신뢰와 지지는 이 여성의 용기와 연구 활동에 큰 힘이되었다. 마리 퀴리도 대단하지만, 절대다수 남성들의 편견에도 불구하고 이를 넘어서 한 여성을 전적으로 지원한 피에르 퀴리가 없었다면 라듐을 발견하여 인류에 공헌하고, 노벨화학상과 노벨물리학상을 두 개나 받을 수 있었던 마리 퀴리는 존재할 수 없었을 것이다.

히파티아의 아버지와 같이 피에르 퀴리의 응원은 이 여성이 가지고 있었던 용기에 대한 남편으로서 또한 동료로서의 찬사이기도 했다. 수학자 히파티아가 원래 학문적 환경을 타고났다면 마리퀴리는 후천적으로 스스로 이러한 환경을 찾아 자신의 지적 욕구를 사회적 가치로 확대시킨 적극성을 더하고 있다. 이러한 뛰어난 능력으로 그녀는 당시 여성들이 접근할 수 없었던 소르본 대학에 최초의 여성교수로 임용되었다. 오늘날에도 남성들과 경쟁하는 전문직 여성들은 출발선에서 이미 불평등한 조건을 갖고 있기 때문에 여성들은 남성들보다 더 많은 노력을 해야만 겨우 동일선상에 설 수 있다. 그러니 남성들의 고유영역이었던 19세기 학문계, 특히 과학 분야에서 마리 퀴리가 쏟았던 열정과 노력이 얼마나 컸는지 충분히 짐작이 간다. 여성주의적 면에서 그녀가 보여 준 것은 여성 과학자로서의 업적에만 있는 것이 아니라 새로운 모성상을 제시한 것으로도 의미가 크다. 일반적으로 이상적인 모성상은 자녀가 잘 성장할 수 있는 환경을 마련해 주는 돌봄 역할이 주가 되고 자녀의 미래에 대한 직업적인 조언은 주로 사회생활을 하는 아버지가 담당하게 된다. 그러나 마리 퀴리의 모성 역할은 자녀들을 탐구의 세계와 학문의 세계를 몸소 보여 줌으로써 자녀들은 이러한 모를 통해 지속적인 학문적 동기를 부여받고 가정이 아닌 사회적 활동의 중요성을 인지했다. 그래서 마리 퀴리의 딸, 이렌 졸리오 퀴리(Irène Joliot-Curie) 역시 과학자로서 노벨화학상을 받게 되는 업적을 이루게 된다. 그러나 이러한 성과에도 불구하고 암묵적인 성차별과 인종차별 등으로 마리 퀴리는 프랑스 화학 아카데미의 회원이 되지 못했지만, 이미 사회적 편견에서 자유로웠고, 그 이상의 목표를 가진 마리 퀴리에게 아카데미 회원은 큰 의미가 없었다. 그녀에게 중요했던 것은 자신의 신념에 대한 용기로 일구어 낸 학문적 성과이지, 국가의 인정과 보상은 아니었다. 사회문화적인 규범으로 능력을 발휘하지 못하고 기회조차 갖지 못했던 시대에 돌연변이처럼 나타난 이 여성은 그전까지 능력을 발휘하지 못했던 여성들이 보여 줄 능력을 농축하여 제대로 보여 준 셈이다. 마리 퀴리의 용기와 신념은 여성들에게 활동영역의 제한은 사회가 만들었을 뿐 젠더적 차이를 떠나 가치 있는 개인의 지적 발전에는 남녀 구별이 없음을 알려 주고 있다. 학문적 업적을 떠나 그녀의 용감한 도전, 그 자체가 페미니즘 역사에 큰 가치를 주고 있다.

마리 앙투아네트와 아이들(1787),
엘리자베스 비제 르 브렁(Élisabeth Vigée-Le brun), 파리, 베르사유 궁 소장.

중세 유럽 왕족들은 자신의 권위를 나타내기 위한 정치적인 목적으로 초상화를 많이 남겼다. 사진이 없었던 시대였기 때문에 자신의 존

딸과 함께한 자화상(1789), 엘리자베스 비제 르 브렁(Élisabeth Vigée-Le brun), 파리, 루브르 박물관 소장.

재를 남기는 가장 실제적인 방법이기도 했다. 왕족만의 특권처럼 여겨졌던 초상화는 이후 부르주아 계급이 탄생하면서 이들의 신분과시 목적으로 더욱더 유행처럼 퍼지면서 발전하였다. 계몽주의 시대에 접어들면서 그동안 예술과 문학의 주요 주제였던 종교를 탈피하려는 시대적 움직임의 영향으로 이후 예술의 주제가 다양해지면서 초상화가 새로운 그림의 장르로 등장하여 발전한 것이다. 초상화의 형태도 이전의 무겁고 딱딱한 모습에서 벗어나 좀 더 생활적이고 자유로운 형태로 변모하였는데, 이는 바로크 양식에 경쾌함이 더해진 로코코 미술 양식을 즐기던 18세기 귀족과 부르주아의 취향이 영향을 준 것이다.

이 시기에 초상화가로 이름을 날린 화가 중에는 당시 상당한 명성을 가졌던 여성화가 엘리자베스 비제 르 브렁을 들 수 있다. 당시 남성화가 일색이었던 미술계에 등장한 이 여성이 그린 초상화는 지금까지도 많은 작품이 전해지고 있는데, 그녀가 그린 그림은 대략 600점 정도로 추정하고 있다. 이 여성의 재능은 귀족과의 친분으로 날개를 달고 더 유명해졌다. 특히 루이 16세의 부인이었던 마리 앙투아네트와 친분 관계가 두터워 그녀가 그린 마리 앙투아네트와 세 명의 자녀들 그림은 매우 유명하다. 그러나 이러한 왕족과의 친분 관계로 인해 프랑스 혁명 당시 외국으로 피신을 가야 하는 상황에 놓이게 되지만, 엘리자베스는 가는 곳마다 그녀의 재능을 인정받아 귀족이나 왕족들의 인물화 등을 계속 그림으로써 어려운 환경에서도 명성을 유지했다.

그러나 이러한 사회생활의 성공과는 다르게 그녀의 결혼생활은 남편과의 갈등으로 빛 뒤에 숨어있는 어두운 그림자와 같이 늘 그녀를 괴롭혀 가정생활은 그리 행복하지 못했다. 그럼에도 불구하고 그녀가 그린 자화상이나 특히 딸과 함께 그린 자화상에는 이러한 그늘을 찾아보기 힘들다. 대개 예술을 하는 사람들은 자신의 내적 심성들이 작품에 드러나기 마련인데, 이 여성의 경우는 좀 예외적이다. 20세가 되기 전부터 이미 초상화로 많은 돈을 번 엘리자베스의 경제력을 이용한 남편의 비굴한 생활 등으로 애정이 없는 부부의 갈등과 혼란 속에서도 엘리자베스의 자화상은 늘 여성스럽고, 온화하고, 매우 정서적이면서도 이지적인 이미지를 보여 주고 있다. 주어진 환경에서 자신을 지키고 싶은 자유로움은 그녀의 강한 내적 자존감과 자기애에서 비롯되었을 것이다. 당시 미술계에 흔치 않았던 이 여성이 이룬 자기 세계에 대한 노력과 인내의 가치도 중요하지만, 평탄치 못한 남편과의 갈등에서 자기를 잃지 않는 담대함도 이 여성이 지닌 인간으로서의 가치가 될 수 있다. 남성에 의해 전적으로 결정되었던 이 시대 일반 여성들의 삶과 비교해 보면 운명이라는 것은 자신이 어떻게 받아들이는가에 따라 그 무게가 달라짐을 알 수 있다.

한편, 그녀 그림의 특징 중 하나는 자화상을 그릴 때 자신의 딸을 자주 동반한다는 점이다. 그녀의 딸과 함께 그린 자화상은 당시 경직된 구도로 일관되어 온 가족의 초상화와는 다르게 서로 안고 있는 모습을 통해 모성의 온화함과 엄마에 대한 딸의 애정을 느낄 수 있는 따뜻함을 보여 주고 있다. 그녀가 그린 마리 앙투아네트와 세 자녀를 그린 가족초상화의 포즈와는 달리 자신의 딸과 그린 그림은 더 친밀한 모녀관계가 강조되어 있다. 남편과의 애정이 없었던 그녀가 자녀에 대한 모성애에 집착했을 가능성도 있지만, 어찌되었건 쓸데없고 비효율적인 것에 감정을 낭비하지 않고 자기만의 색깔을 유지하면서 흔들리지 않았던 엘리자베스의 강인함에서 그녀의 자존감이 느껴진다. 엘리자베스는 1774년 많은 남성의 반대에도 불구하고 아카데미 회원이 된다. 이러한 명성에는 그녀의 열정과 근면이 가장 주요한 역할을 했지만, 한편으로 귀족과의 친분 관계도 주요하게 영향을 주었던 배경을 보면 여성의 사회적 성공에는 교육 기회는 물론 사회관계도 중요한 요인임을 알 수 있어 그녀의 사회적 관계가 그녀의 전략이었는지, 아니면 행운이었는지 다소 궁금해지기도 하다.

남성들만의 세계에 들어와 활발한 활동을 보여 준 여성들의 공통적인 특징 중 하나는 주위에 여성에 대한 편견 없이 지지해 준 남성이 있었던 점이다. 히파티아와 엘리자베스 비제 르 브렁은 아버지가, 마리 퀴리는 남편이 그녀들 곁에서 개인적 능력을 발휘하여 지속적인 발전을 이룰 수 있도록 전폭적인 지지를 해 주었다. 이처럼 남성지배사회에서도 여성의 의식을 깨우고 격려를 보내준 것이 남성이었다는 역사적인 실례를 보면 여성평등을 위해 주요한 역할을 했던 남성들의 진보적인 의식의 가치를 발견할 수 있다.

Ⅲ

여성 육체의
미학적 해석과
사랑의 의미

1/
여성 몸의
미학적 가치

아담과 이브(1507), 알브레히트 뒤러(Albrecht Dürer), 마드리드, 프라도 미술관 소장.

여성 육체의 미적 담론은 시대와 사회마다 다르게 논의됐지만 일관적인 것은 사회가 정한 기준에 사회구성원들의 합의가 여성들을 지배하고 속박해 왔다는 사실이다. 육체는 영혼이 겉으로 드러난 모습이며 여기에 의복과 장신구로 꾸민 외모는 그 사람의 취향과 성격을 나타내는 동시에 사회계층의 기호가 된다. 아담과 이브가 에덴동산을 쫓겨나 벌거벗음의 수치를 느끼고 옷을 입게 된 역사 이래 외모는 개인 품성의 외적 표현과 개성으로 기호화가 된 것이 아니라 사회가 규격화해 놓은 기호에 자신을 맞추어내는 사회적 기호에 따라왔다. 그러므로 여성의 외모는 여성이 아닌 다른 사람들의 취향과 선호에 따라 여성들을 움직여 왔다고 해도 지나친 표현이 아니다. 그러나 이러한 사회적 평가를 떠나 신이 창조한 작품으로서의 여성 육체는 놀랍도록 순순한 미적 가치를 지니고 있을 뿐 아니라 여성성의 완전체 미학이 들어 있다. 나체의 부끄러움을 몰랐던 이브의 몸은 자연과 분리된 모습이 아니라 수많은 자연계 중 하나이다. 아무 꾸밈없이 옷을 걸치지 않은 모습은 원초적인 태생의 미와 그 순수함을 절대적 가치로 지니고 있다. 이러한 가치는 남녀 간에 존재하는 소유욕이나 인간의 질투, 갈등과 같은 부정적 감정이 배제된 인간 본성의 순수함을 동반한다. 원죄 이전 아담과 이브의 순수함은 남성의 탐욕적인 욕망이나 여성의 퇴폐적인 유혹이 존재하지 않은 깨끗한 무염성을 의미한다. 원죄 없이 예수를 잉태한 마리아의 무염수태와는 다르지만, 신이 빚어 육화된 아담과 이브의 무염은 인간 본질의 순수함을 뜻하는 것이다. 아담 몸의 일부로 만들어진 이브의 육체는 남성인 아담과는 차별된 여성성이 강조되어 있다. 곡선으로 이어지는 이브의 육체는 다양한 감정들을 담고 있다. 곡선은 부드러움과 섬세함으로 내적 심성의 미학을 함께 지니고 있으며 풍만한 배와 엉덩이는 생산의 상징인 풍요를 담고 있다. 결국 이러한 이미지의 총체적 개념은 순수함, 원초성, 생명의 근원성과 수용성 등을 포함한 자연으로 그 어떤 문화도 넘보지 못하는 강한 영향력을 지니고 있다. 육체의 가치는 단지 외형으로만 존재하는 것이 아니라 인간 존재의 내적 가치를 볼 수 있는 소통과 표현의 가치를 동반하고 있다. 또한 여성의 육체에는 인류와 세계의 존재를 지속해서 유지하기 위한 생산적 역할이 중요한 가치로 내재되어 있다. 여성의 생식기를 클로즈업하면서 '세상의 기원'이라는 제목을 붙인 그림은 바로 이 가치에 대한 강한 임팩트를 담고 있다. 더불어 육체는 감정과 사고를 담은 정신적인 존재임을 보여 주고 있어 부드럽고 섬세한 이브의 육체는 이브의 감성적인 심성과 연결되어 있다. 그래서 이브의 몸은 세상을 방황하다 언제나 돌아와 편히 머무를 수 있는 고향과도 같은 존재, 근원으로의 귀향, 본능적 안정감을 갖고 있는 것이다.

그러나 이러한 긍정적 요인을 담고 있는 이브의 이미지는 이브가 선악과를 따 먹는 사건을 계기로 정 반대의 이미지로 변하게 된다. 원죄가 일어나기 이전의 아담과 이브의 관계는 서로 간의 절대적 신뢰를 기반으로 이루어져 있었다. 그래서 선악과를 함께 먹은 것은 이브의 유혹이라기보다 아담과 이브, 두 사람 간의 신뢰가 있었기 때문이다. 이브가 악한 마음을 갖고 아담을 유혹한 것도 아니고, 아담 역시 이브의 유혹에 속은 것이 아니라 서로의 신뢰로 일에 동참했다. 그러나 이들의 신뢰는 에덴동산에서 쫓겨나면서 갈등과 불신으로 바뀌어 아담은 이브를 원망하고, 이브에게 모든 잘못을 전가하게 된다. 이러한 아담의 원망은 지금까지도 남성들의 마음속에 내재되어 있어 남성들은 욕망의 무절제와 동물적 기질을 모두 남성을 유혹하는 여성의 육체 탓으로 돌리면서 책임을 회피하고 자신들의 정당성을 주장하고 있다. 즉, 남성들은 여성의 육체가 지닌 순순한 미적 가치에 대한 평가보다는 그들의 욕망을 자극하는 수단으로 해석하면서 여성의 이미지를 부정적으로 각인시켜 온 것이다.

이후 여성의 육체는 고귀한 정신의 가치에 대립하는 인간을 죄악에 빠지게 하는 가장 무서운 유혹의 실체가 된다. 이러한 모순적 논리로 이미 앞서 설명한 바와 같이 이브의 이미지는 여성 육체의 미적 가치와 함께 이와 상반되는 원죄의 의미로 해석되어 왔다. 이 두 가지 특성의 관계는 역사를 통해 이브 후손인 여성들 심리에 내재되어 왔는데, 여기에는 아담이라는 공통분모가 존재한다. 아담을 유혹한 죄의 대가에 대한 보속 개념으로 이브는 자신 육체의 아름다움을 이용한다. 좀 더 자세히 설명하자면 이브가 시도하는 원죄의 보속은 신에 대한 보속이 아닌 자기의 잘못으로 같은 죄를 받게 된 남성에 대한 보속으로, 남성의 마음을 얻고 죄에서 벗어나려는 방법으로 자신의 외모 꾸미기에 전념하게 된다. 이러한 이브의 심리는 이후 남성지배사회의 남성권력구조에 흡수되어 여성 육체는 남성의 소유와 도구 그리고 때론 폭력의 대상이 되어 그 가치가 왜곡되고 여성의 죗값은 오늘날까지 오랜 보속의 시간을 이어 오고 있다. 그러나 페미니즘의 등장으로 수세기를 이어 온 이러한 이브들의 생각에 대한 자체 반성과 함께 이를 위한 과감한 반격이 시도되고 있으며 여성의 육체는 자기표현과 자기만족을 가진 여성의 주체적 이미지로 남성을 위한 것이 아닌 여성의 것으로 되돌리는 시도들이 끊임없이 진행 중이다. 이러한 시도를 통해 이제는 원죄 이전 이브의 육체가 지녔던 순수한 자연성이 진리와 맥을 같이하여 존재 그 자체로 가치평가가 이루어져야 한다. 더욱이 오늘날과 같이 복잡 다양한 사회에서 에덴동산에서 이브가 보여 주었던 그 순수한 자연성이 현대사회의 특징 속에서 어떠한 형태로 이루어져 본연의 가치를 회복하느냐는 여성들의 자기가치와 미적 가치의 결합 여부가 주요한 요인으로 작용하게 될 것이다.

비너스의 탄생(1486), 산드로 보티첼리(Sandro Botticelli), 피렌체, 우피치 미술관 소장.

그리스 로마 신화에 나오는 신들은 인간의 감정을 가진 신이기 때문에 인간의 복잡한 감정이 그대로 이야기 속에 들어 있어 매우 흥미롭다. 앞의 그림은 비너스를 그린 그림 중 가장 유명한 보티첼리가 그린 '비너스의 탄생'이다. 신화를 바탕으로 한 것이기 때문에 비너스 탄생의 배경과 이와 관련된 인물들이 좌우에 배치되어 있다. 그러나 지금 우리가 보고자 하는 것은 여성미의 완결체인 비너스의 외모이다. 보티첼리는 신화 속에 등장하는 여성의 미를 여성 고유성으로 극대화하면서 이미지화하였다. 대형 조개 위에 서 있는 비너스의 모습은 가장 이상적인 여성의 육체로, 이 비너스는 실제 인간의 크기로 그렸다고 전해진다. 이브의 모습보다 더 육감적인 비너스는 여성 외모의 전형적 모델이다. 하얀 피부, 긴 갈색 머리, 우아한 육체의 곡선, 봉긋한 젖가슴, 다소곳한 표정은 약간 옆으로 기울어진 몸의 자세와 함께 정적이고 수용적인 여성성이 강조되어 있다. 미술사적으로 보면 비너스의 몸의 자세는 그리스 로마 조각에서 흔히 볼 수 있는 대표적인 콘트라포스토 자세로 편안하고 안정적인 자세라고 하지만, 이보다는 벌거벗은 모습을 감추고 있는 다소곳하고 수줍은 여성성이 온전하게 드러나 있다. 비너스가 지닌 아름다움은 여성 육체의 아름다움은 물론 여성 내면의 미적 가치도 강조되어 있다. 생산과 포용을 담는 자연성, 편안함과 부드러움을 지닌 위험으로부터 보호되는 안전성 그리고 인간 그 자체의 순수성으로 비너스의 육체에는 파괴성이나 공격성을 찾아볼 수 없는 수용적이고 인내적인 포용력을 상징하는 내적 이미지가 들어 있다. 여성 외모의 기준은 시대마다 사회문화적 요인으로 다소 차이가 있지만, 여성성이 지니고 있는 내적 심성의 미는 절대 불변의 가치를 지니고 있다는 것을 이 비너스의 아름다움에서 찾아볼 수 있다. 실제 인간의 나체를 그리는 것이 도덕적으로 금지되었던 시대에는 신화의 내용에 있는 신을 이용하여 인간을 그려내는 것이 보편적인 미술 표현이었다. 이브의 육체가 유혹과 원죄를 안고 있다면 비너스의 육체는 부끄러움을 걷어 낸 당당함이 있으며 새로운 여성상을 예고하는 상징성을 지니고 있다. 남성의 그늘에서 벗어나 주연으로 세상에 재등장하는 여성, 모든 이들의 주목을 받으며 여성성의 가치인 자연과 순수함을 대변하는 여성으로 그동안 감추어져 있던 여성 육체의 심미적 가치를 당당하게 드러내고 있다.

이러한 여성의 아름다움이 남성의 시각과 마음에서 탄생되었다고 생각하니 여성의 미적 가치를 제대로 알아주는 남성의 존재가 새삼 고맙고 성적차별이나 남성우월주의라는 단어들이 무의미해진다. 실제로 보티첼리는 자신이 연모하고 사랑했던 여인의 모습을 심성과 육체가 완벽한 여인으로 마음속에 늘 간직하면서 이처럼 완벽한 미를 갖춘 비너스로 그 여인으로 표현했다고 한다. 이러한 이야기를 알고 보니 보티첼리의 진실된 사랑을 느낄 수 있는 비너스의 모습이 더욱더 아름답다.

봄(프리마베라)(1477~1482), 산드로 보티첼리(Sandro Botticelli), 피렌체, 우피치 미술관 소장.

여성 몸의 미적 가치는 보티첼리의 다른 그림인 '봄(프리마베라)'에서도 찾아볼 수 있다. 비너스를 가운데 두고 왼편의 세 여신과 오른편에서 꽃을 뿌리고 있는 플로라의 아름다움은 주변에 흐트러져 있는 꽃의 아름다움을 모두 덮는 여성의 아름다움을 잘 표현하고 있어 신이 창조한 모든 만물 중 인간이 지닌 아름다움을 능가하는 것은 없다는 것을 느끼게 한다. 봄이라는 제목을 가진 이 그림은 여성들의 아름다움에 계절의 여왕이라고 하는 봄의 이미지를 접목하여 봄과 여성의 공통된 이미지를 압축하여 보여 주고 있다. 절제된 화려함과 투박하지 않은 맑음, 고귀하고 기품 있는 이미지, 언뜻 새털 같은 가벼움이 섞여 있는 봄의 경쾌함까지 여성성의 품격을 온전히 담고 있다.

화면에 등장한 인물들을 간단히 살펴보면 화면 가운데 있는 비너스와 비너스 머리 위에 있는 큐피드, 왼편에 서 있는 평화의 신 머큐리와 비너스 오른편의 플로라 등 여러 명이 등장하지만, 단연 눈에 띄는 것은 가운데의 비너스 왼편에 있는 세 여신이다. 세 명의 여신은 제우스의 딸이라고 하기도 하고, 비너스가 늘 동반하는 비너스의 시녀들 혹은 아폴론과 아프로디테의 시녀라고도 한다. 세 명의 신은 빛을 상징하는 '아글라이아(Aglaïa)', 기쁨을 상징하는 '에우프로시네(Euphrosyne)', 꽃이 피는 것을 상징하는 '탈리아(Thalia)'이다. 이들은 자애, 은혜, 아름다움으로 해석하기도 하고 오늘날은 여성미의 대표적 상징인 진, 선, 미로 표현되면서 이상적인 여성성을 상징하고 있다. 빛은 세상 어둠을 걷어내는 역할을 하는 여성으로, 기쁨은 슬픔이나 고통에 대립되는 기쁜 감정을 선사하는 여성으로, 그리고 개화는 탄생의 의미로 여성들의 생명 잉태 역할 혹은 꽃이 피는 것과 같은 여성의 아름다움을 의미한다. 이 세 가지는 인생의 부정적인 것을 덮는 긍정적인 삶의 본질로 여성성의 본질을 대변하기도 한다. 이 그림은 르네상스가 들어서면서 르네상스 이전의 여성성에 대한 정면 부정과 새로운 여성성의 상징적 기호가 되었다. 복잡한 삶과 희로애락으로 뒤얽힌 인간의 감정을 풀어내어 슬픔을 해소하고 승화시키는 장면을 신이 아닌 인간으로 표현하여 선한 인간의 본성을 강조하면서 남성보다는 여성의 감성을 도입한 것이다. 더불어 세 여신에 대한 세네카의 해석은 여성성에 머무르지 않고, 인간에 대한 좀 더 확장된 개념으로 인간의 도덕적 행동지침을 제시하고 있다. 좀 더 자세히 설명하자면, 세 여인이 서로 마주 보고 있는 모습에서 은혜를 베푸는 한 사람과 그 은혜를 받는 사람, 그리고 다시 그 은혜를 되갚는 사람으로 이 관계를 인간관계의 주요한 상호성으로 재해석하고 있다. 그러므로 세 명의 여신을 자애와 애덕의 라틴어인 카리타스(charitas)라고 불리는 것도 이러한 해석에서 비롯된 것이다. 더불어 숫자 3의 의미는 단절되지 않은 홀수의 개념으로, 화합과 관계를 의미한다. 페미니즘적으로 접근해 보면 이러한 의미를 여성 이미지로 대치하여 인간관계를 형성하는 매개로서의 여성 역할을 중요하게 해석하지 않았나 하는 생각도 든다. 신화에서 발견된 용서와 화합, 포용과 관용의 여성성이 후세들이 해석하는 여성 이미지의 다양성에서도 그 본질을 간직하고 있는 것을 보면 여성성은 외모보다는 내적 가치와 여성들의 행동철학에서 더 잘 나타나고 있는 것을 알 수 있다. 이런 의미로 보면 보티첼리의 진가는 이러한 내적 아름다움을 외면의 아름다움으로 표현하고 있는 점이다. 이 그림은 결국 인본사상인 르네상스 사조가 강조하는 인간관계 속에 내재된 배려와 자비의 알레고리라 할 수 있다. 당시 신플라톤 사상의 영향을 받은 보티첼리는 신화를 인간 세계로 가져와 여성의 미적 아름다움을 표현하여 신의 능력을 인간 세상의 가치로 만든 중요한 역할을 했다. 봄은 새로운 태동을 의미하고, 죽음과 대립되는 생명의 개념으로 인생의 긍정적인 의미와 일치한다. 이 점을 표현하는 데 여성을 사용한 것은 여성들이 갖고 있는 생명 탄생의 가치와 자연을 상징하는 봄의 가치를 동등하게 표현하여 자연과 여성성을 결부한 것이라 볼 수 있다. 봄의 생동감, 따뜻함, 아름다움, 경쾌함, 희망 등은 여성의 내적 감정요소들로 보티첼리는 봄의 동일 가치로 여성을 이용하면서 이 두 가지 가치의 동일성을 강조하였다.

2/
남녀 간 사랑의 표현

오랜 역사 속에서 모성성만이 존재하는 여성의 사회적 품위로 여성들은 육체를 대중에게 보이는 것이 금지되었을 뿐 아니라 육체의 표현은 저속한 감정을 드러내는 것으로 사회적으로 금기시되어 왔다. 이러한 사회적 분위기로 남녀가 사랑을 나누는 이미지는 더더욱 철저하게 통제되어 왔다. 그리스도교의 영향이 컸던 당시 남녀의 사랑은 종족 보존이라는 단 하나의 목적만을 위한 것이었으며, 성적 욕망을 드러내는 것은 감정을 절제하지 못하는 비이성적인 동물적 욕구로 단정 지어졌다. 이러한 육체에 대한 해석으로 르네상스 이전 미술작품 속 인간의 나체나, 남녀 간 사랑 표현의 모습은 모두 천사나 신들이었지, 인간을 모델로 하지 않았다.

그러나 르네상스의 사조는 여성의 주체적 인식을 깨웠을 뿐 아니라 인간감정의 가치와 표현의 자유라는 새로운 자기표현에 대한 인식 전환을 가져오는 계기가 되었다. 더불어 다양한 철학적 사유가 등장하면서 인간의 몸은 감정과 별개가 아닌 하나로 연결되어 있다는 새로운 인식으로 사랑의 감정은 예술을 통해 표현되고 대중에게 보이기 시작했다. 그러므로 르네상스를 기점으로 이전의 역할 이미지로만 그려왔던 규범적 여성상은 르네상스시대 이후 사랑의 감정과 욕망을 가진 인간 본성의 모습으로 과감하게 표현되기 시작했다. 남녀 사랑의 성적 욕구는 자연적인 것이며, 아름다운 육체를 가진 남녀가 결합하면서 이루는 신체의 아름다움은 미적 가치로 인식되어 발전하였다. 이후 이러한 감정의 표현은 낭만주의와 결합하면서 남녀 간의 사랑의 표현은 도발적이고 대담해지기 시작했다. 특히 이러한 표현은 사랑의 가치를 객관적으로 보여 주는 것이며 남녀의 평등한 관계에서 이루어지는 관계의 진실성을 담고 있는데, 이는 남녀 간 육체적 사랑은 서로의 신뢰를 기반으로 하고 있기 때문이다. 역으로 말하자면 신뢰가 없는 사랑은 동물적 욕망일 뿐이며 아름답지도 못하고 관계의 가치도 존재하지 않는 것이다. 그러나 18, 19세기에 들어오면서 남녀의 사랑은 관계의 진실성보다는 숨겨진 육체적 욕망의 모습으로 탈바꿈하게 된다. 이러한 변화는 남녀 사랑의 핵심이 되는 상호 신뢰가 해체된 것으로 쉽게 깨지는 사랑의 감정과 책임에 대한 가치 기준을 저울질하는 인간 내면의 갈등에서 비롯된 것이다. 남녀 사랑은 늘 인간 이야기의 중심에 있으며 사랑의 가치는 삶이 지닌 다양한 가치 중 중요한 부분을 차지한다. 그러나 사랑의 가치가 소멸하는 신뢰의 부재와 성적 욕망만이 존재하는 불륜의 질타는 늘 여성에게 돌아왔다. 솔직해진 사랑 감정의 표현으로 여성들이 지니고 있었던 인간적 본능의 표현은 실현되었지만, 남성 중심적 사고는 여전히 많은 예술작품 안에서 발견되고 있다.

에로스와 프시케(1793), 안토니오 카노바(Antonio Canova), 파리, 루브르 박물관 소장.

그리스 신화에 나오는 에로스(큐피드)는 미의 여신 아프로디테(비너스)의 아들이다. 당시 인간 세상 한 왕국에 세 명의 공주가 있었는데 그중 셋째 공주인 프시케의 미모는 모든 사람들이 부러워할 정도로 대단했다고 한다. 하늘에서 이를 내려다본 미의 여신 아프로디테는 프시케의 미모에 대한 질투와 시샘으로 프시케가 불행해지기를 바라고 있었다. 그래서 프시케가 못생긴 남자와 사랑에 빠져 불행해지도록 아들 에로스가 프시케에게 사랑의 활을 쏘도록 명령한다. 그러나 이 명령을 수행하기 위해 지상에 내려간 에로스는 프시케를 보는 순간 그녀의 미모에 반해 사랑을 하게 된다. 자신의 신분을 감추기 위해 어둠 속에서만 만나 사랑을 나누게 되는 에로스는 프시케에게 자신의 얼굴을 보지도 말고 알려고도 하지 말라는 부탁과 함께 둘만의 약속을 제의한다. 그러나 프시케는 사랑하는 남자의 얼굴을 보고 싶은 마음과 호기심으로 에로스와의 약속을 어기고 어느 날 등잔불을 통해 에로스를 보게 된다. 그러나 이 사실을 알아차린 에로스는 자신과 약속을 어긴 프시케에게 사랑은 신뢰가 없으면 존재할 수 없다는 말을 남기고 떠난다. 이후 에로스를 잊지 못하는 프시케의 끊임없는 재회를 위한 노력으로 결국 이들의 사랑은 비극적으로 끝을 맺는 많은 신화와는 다르게 행복으로 결론을 맺는다.

이 신화의 내용은 남녀 간의 사랑에 대한 규범적인 메시지를 전달하고 있다. 하나는, 사랑에 전제되는 신뢰로 서로의 신뢰가 기반 되지 않는 사랑은 육체의 결합을 통한 동물적 욕구 충족일 뿐 그 이상의 가치는 존재하지 않는다는 것이다. 에로스가 미련 없이 이 여인을 떠날 수 있었던 것도 에로스의 정체성은 신뢰가 있을 때만 가능하므로 신뢰의 상실은 에로스 즉 사랑의 상실을 의미한다. 둘은, 실추된 신뢰를 회복하기 위한 사랑하는 사람 간의 노력하는 자세이다. 인간의 감정은 늘 변화하고 인간은 반복되는 실수를 안고 살기 때문에 이를 회복하기 위한 노력은 새로운 신뢰를 만드는 유일한 방법이 된다. 프시케의 사랑은 후회와 실수에 머물러 있지 않고 새로운 신뢰를 위해 끊임없이 자기를 버리고 노력한 자세에서 재탄생하게 된 것이다. 이 신화를 조각으로 표현한 안토니오 카노바의 작품이 파리 루브르 박물관에 있는데 이 신화의 내용을 몰라도 이 조각의 아름다움에 많은 이들이 걸음을 멈추고 감상하게 된다. 관객들은 각자의 심성 내면에 있는 사랑의 감정들을 이 조각을 통해 확인하면서 행복해하기도 하고 사랑이 주는 아름다운 이미지에 잠시 취하기도 한다. 또한 이 조각은 사랑하는 두 연인의 신체 조화가 주는 미적 가치를 풍부하게 담고 있다. 양쪽 끝에 있는 두 사람의 다리 부분은 서로 대립하는 지점에 있지만, 상반신으로 오면서 점점 가까워져 얼굴 부분에서 꼭짓점을 완성하는 매우 안정적인 형태를 갖고 있으며 더불어 전혀 몰랐던 두 남녀의 운명적인 만남을 상징하고 있다. 입맞춤까지 이르지 않은 서로 마주 보는 얼굴은 입맞춤의 동작보다 더 강한 사랑의 감정을 보여 주고 있다. 입맞춤하려는 자태는 두 연인이 처음 만나는 장면이기도 하고 프시케의 노력으로 신뢰를 만든 두 연인의 행복한 입맞춤 순간이기도 하다. 여성을 받치는 남성의 모습 그리고 남성의 목을 감싸는 모습에서 서로의 긴밀한 관계가 돋보이고 전체적인 조각의 삼각형 구도는 사랑의 안정감과 평화로움을 보여 주고 있다. 더 나아가 에로스의 날개는 사랑이 승화되는 상징적 의미도 있어 인간이 꿈꾸는 이상적인 사랑의 모습을 보여 주고 있다. 프시케의 미모를 질투한 아프로디테의 전략은 결국 아들을 경쟁 상대에게 빼앗긴 결과를 가져왔다. 수많은 화가가 그린 아프로디테의 그림에는 반드시 아들 에로스가 등장한다. 늘 엄마 옆에서 장난을 치던 개구쟁이 에로스가 자기 곁을 떠난 것만으로도 슬픈 아프로디테는 그 상대가 자신의 미모의 경쟁자인 프시케라는 사실로 질투와 시샘이 극에 달했을 것이라는 상상도 해봄 직하지만 진실 된 사랑을 완성해 가는 두 연인의 사랑이 그저 아름다울 뿐이다.

키스(1907~1908), 구스타프 클림트
(Gustav Klimt), 비엔나, 오스트리아
미술관 소장.

성취(1905~1909), 구스타프 클림트
(Gustav Klimt), 비엔나, 오스트리아
미술관 소장.

남녀 사랑의 감정을 가장 잘 표현한 화가를 꼽는다면 구스타프 클림트를 빼놓을 수 없다. 클림트의 '키스'는 너무나 유명하지만, 그의 다른 그림 '성취' 역시 에로틱한 사랑의 표현을 농후하게 담아내고 있다. 이 두 그림은 구도 면에서부터 상당히 유사한 점이 많다. 그러나 각각의 그림을 보고 있으면 비슷한 그림이지만 다른 분위기를 느끼게 된다. 먼저 '키스'를 보면 여성의 볼에 키스하는 남성의 모습은 여성의 모든 것을 흡인하려는 저돌적인 자세이다. 사랑하는 여성에게 자신의 감정을 키스로 표현하는 이 남성의 얼굴은 가려져 있지만, 당당하게 곧은 몸과 굵은 목에는 자신의 모든 것을 쏟아부으려는 강한 감정이 그대로 나타나 있다. 여성 얼굴 쪽으로 돌린 자세로 인해 더 강조된 머리의 뒷부분이 여성의 얼굴과 대치되면서 이 남성이 쏟아내는 사랑의 감정이 강하게 표현되고 있다. 또한 우직한 손으로 여성의 작은 얼굴을 감싸는 손 역시 이러한 감정의 몰입도를 높이고 있다. 반면 이러한 격한 감정을 그대로 받아들이려는 여성의 감은 눈과 홍조된 볼 그리고 미동도 없이 고요한 듯한 표정을 하고 있는 여성의 얼굴과 몸짓은 남성의 사랑을 모두 받아들이는 수용적 태도로 사랑 표현 방식의 여성성과 남성성의 차이를 대립적으로 보여 주고 있다. 이러한 대립은 동양의 음양조화와 흡사하여 대립되지만, 조화와 하모니를 이루는 남녀의 사랑을 의미하고 있다. 남녀의 조화로운 사랑의 표현은 곧 사랑의 소통을 의미하고 서로의 감정을 확인할 때 나오는 엔도르핀의 상승으로 이들이 느끼는 행복함은 관람하는 관객에게도 그대로 전달된다. 이러한 감정은 두 사람의 포옹하는 자세에서도 찾아볼 수가 있다.

여성과 남성의 몸이 만든 하나의 면은 두 사람의 일체를 상징적으로 표현하고 있어 서로의 감정이입으로 사랑이 녹아 흐르는 것 같은 이미지를 만들고 있다. 특히 클림트가 사용한 화려한 색은 물론 면을 채운 작은 면과 원 그리고 구슬 같은 모티브들은 사랑의 미묘한 감정들과 일치가 되어 톡톡 터지는 살아 있는 경쾌함, 모든 삶의 요소들이 이 두 사람을 위해 존재하는 것 같은 흡입력으로 남녀 사랑의 가치를 보여 주고 있다. 이처럼 클림트는 여성과 남성의 다른 점을 잘 포착하여 각각의 성이 지니고 있는 특징적인 개성을 보여 주고 있다. 굳이 남성의 육체를 덮는 네모난 모티브와 여성의 동그란 모티브를 통해 여성과 남성임을 강조하지 않아도 우리는 여성의 몸과 얼굴을 누르는 듯한 남성의 자세에서 사랑의 독점욕과 적극성을 가진 남성성을 알 수 있다. 반면 거의 움츠리는 듯한 여성의 자세는 거부라기보다는 이 달콤한 사랑의 감정을 간직하려는 감정의 소유욕망을 읽을 수 있고 이 욕망은 다소곳한 얼굴의 각도와 손의 모습, 그리고 몸에 밀착시킨 어깨가 표현하는 소극적인 자세에서 조용하지만 강하게 분출되고 있음을 알 수 있다. 이러한 표정, 몸짓으로 표현된 여성의 성적 욕망보다 더 강한 성적 이미지는 여성의 옷 아래로 드러난 다리와 맨발에서 정점을 찍는다. 여성의 드러낸 몸을 통해 성적 이미지를 표현한 다른 작가와는 다르게 클림트는 감추어진 곳에서 드러나는 유혹의 이미지를 극대화하고 있다. 클림트의 표현은 여성의 육체를 성의 도구적 표현이 아닌 인간 본성으로서의 성이 가진 가치를 예술적으로 보여 준 것이다. 그러므로 이 작품은 종교적으로 죄의 근원지라고 해석되었던 여성 몸의 진가를 동물적 욕망이 아닌 진실 된 사랑 감정의 가치와 그것을 미적 가치로 전환 시킨 점에서 큰 의미가 있다.

'키스'와 비슷하면서도 다른 분위기의 그림인 '성취'는 '키스'와 비교해 볼 때 여성과 남성의 자세 방향이 바뀐 것 외에는 크게 다를 바가 없다. 그러나 '성취'라는 제목을 가지고 이 그림을 보게 되면 '키스'에서 찾아볼 수 없는 다른 분위기와 메시지를 읽을 수 있다. 여성을 자신의 몸에 품고 있는 듯한 남성의 몸이 화폭의 반을 덮고 있다. 이러한 그림이 차지하는 비율로 보면 성취는 남성의 성취를 의미하는 듯하다. 반면, 남성에게 눌려 안겨 있는 듯한 여성의 몸은 전체가 남성의 몸에 가려 극히 일부분과 얼굴만 보이고 있다. 그러나 이 여성의 표정은 몸이 표현하는 것보다 훨씬 디테일하고 미묘하며 매우 풍부하다.

그림은 화가의 의도도 중요하지만, 감상하는 관객의 자유로운 자기식 해석이 더 흥미로울 수 있다. 화면의 작은 부분이지만, '성취'에서 세상을 향해 있는 여성의 얼굴과 세상을 등지고 있는 듯 덩그러니 서 있는 허허로운 남성의 뒷모습 특히 여성의 몸에 자신을 온전히 맡긴 것 같은 남성의 뒷모습에서 렘브란트의 '돌아온 탕자' 뒷모습이 강하게 오버랩된다. 집을 떠나 아버지가 준 재산을 모두 탕진하고 갈 곳이 없는 아들은 다 망가진 모습으로 아버지 집으로 돌아와 용서를 구한다. 돌아온 탕자의 귀향은 자신의 근원으로 돌아오는 의미보다는 힘들고 지칠 때 그리고 이 세상 모든 사람들이 비난을 하여도 단 한 사람이라도 나를 받아주는 사람이 있다는 것이 얼마나 축복된 것인지를 알려주고 있다. 그리스도교의 돌아온 탕자는 신의 뜻을 어기고 하찮은 이

성취(1905~1909), 구스타프 클림트
(Gustav Klimt), 비엔나, 오스트리아
미술관 소장.

돌아온 탕자(1669), 렘브란트 하르멘
스존 판 레인(Rembrandt Harmen-
szoon van Rijn), 상트페테르부르크,
에르미타슈 미술관 소장.

기심과 교만으로 사는 인간이 신에게 돌아오는 자세와 이러한 인간을
받아 주는 신의 무한한 사랑의 메시지이다.

　이러한 스토리가 성취의 그림에서 느껴지는 것은 이 그림 속에서 여
성을 온전히 품은 것 같은 남성의 등이 여성의 몸을 취한 남성의 성취
라기에는 모든 것을 잃은 후 가장 편하고 따뜻한 여성에게 돌아온 남
성의 쓸쓸한 감정이 배어 있기 때문이다. 힘들고 외롭고 지친 남성들
이 이러한 마음을 온전히 내려놓을 수 있는 여성 앞에서 자신을 그대
로 드러내 놓는 사랑하는 여성에 대한 신뢰와 이러한 남성의 허약함,
쓸쓸함을 모두 받아들이는 여성의 모성 본능적 마음을 사랑의 성취
라고도 해석할 수 있어, 이 그림 제목의 '성취'는 여성의 수용적이고 포

용적인 사랑을 통해 이루어지는 성취가 아닌가 싶다. 이러한 해석이 너무 과장된 관객의 독자적 해석이 아님은 넓고 쓸쓸하게 허한 남성의 등을 어루만지는 가냘픈 여성의 손에서도 발견할 수 있다. 클림트가 사랑을 끝낸 남녀의 감정적 성취를 그린 건지도 모르겠지만, 이렇게 다른 해석을 해 보는 것도 혼자 그림을 보고 그 그림을 읽어 내리는 관객의 즐거운 감상이기도 하다. 페미니즘적 해석이라는 비판이라도 좋다. 여성을 지배하는 것은 남성이지만, 그 남성을 낳아 키운 것은 여성인, 엄마라는 조금은 식상한 표현을 다시 한 번 생각해 보면서 모든 여성이 가지고 있는 모성의 보호본능적 해석이 즐겁다.

히나와 파투(1894~1895), 폴 고갱(Paul Gauguin), 코펜하겐, 장식 예술 미술관 소장.

앞에서 본 클림트 그림의 남녀 입맞춤이 에로틱한 사랑의 전주곡이라면 콘스탄틴 브랑쿠시의 '입맞춤'은 이와는 전혀 다른 분위기를 갖고 있다. 브랑쿠시의 작품을 보기 전에 우선 그의 작품에 영감을 준 고갱의 작품 하나를 소개한다. 타이티 신화를 바탕으로 한 고갱의 이 작품은 달, 여성, 모성성을 상징하는 히나(Hina)와 그녀의 아들인 대지의 신 파투(Fatou)의 관계를 조각한 것이다. 히나와 파투는 모자관계이기는 하지만, 고갱은 이를 인간관계 혹은 남녀관계로 해석하여 서로 마주 보는 대칭적 구도에 내재된 인간의 상호성, 같은 높이의 평등성 그리고 밀착된 친밀감으로 표현하고 있다. 이 작품의 특징은 대칭을 통한 남녀사랑의 평등적 개념을 시사하고 있어 로댕의 입맞춤을 비롯하여 많은 남녀의 입맞춤에서 표현된 남성의 압도와 여성의 수용을 상징하는 각기 다른 자세가 내포하고 있는 음양의 관계와는 사뭇 다른 이미지를 갖고 있다.

고갱의 조각에서 영감을 받은 브랑쿠시의 작품 '입맞춤'은 고갱 조각의 대칭을 응용하면서 남녀 입맞춤을 극도로 단순하게 표현하였다. 그러므로 그의 입맞춤의 특징은 대칭적 구도와 함께 단순, 간결함으로 고도의 절제가 주는 강력함과 동시에 천진스러운 사랑의 순수함이 배

----

[*]) 저작권 문제로 작품을 싣지 못했습니다. 작품을 먼저 찾아보고 글을 읽으면 더 큰 공감을 느낄 수 있습니다.

어 있다. 사랑을 표현하는 화려한 색채, 감정을 담고 있는 다양한 표정, 그리고 몸의 움직임 등을 모두 배제한 이 작품은 두 얼굴이 대칭으로 마주하고 작은 입술의 입맞춤 하나로 다른 모든 감정을 잠식시키는 사랑의 강렬함을 보여줌으로써 사랑이 모든 것을 승화하고 모든 것을 초월한다는 사랑 본질의 알레고리를 담고 있다. 바람도 빠져나갈 수 없이 한 치의 바늘구멍조차 허용하지 않은 남녀의 밀착된 포옹과 서로를 부둥켜안은 긴 팔은 포옹의 어설픔을 용납하지 않는 둘이 아닌 하나의 개체를 통해 몸만 하나가 되는 것이 아니라 정신도 하나의 일체를 이루는 사랑의 주요한 철학적 사유를 바탕으로 하고 있다. 브랑쿠시 작품의 단순함은 사물이나 정신의 본질만을 드러내 작품의 메시지가 강렬할 뿐 아니라 작품의 주제에 몰입하는 예술가의 근원적인 가치에 대한 사유도 녹아있다. 그러므로 그의 작품은 단순함을 통해 본질의 가치뿐 아니라 이 가치를 파악한 관객들이 스스로 다양한 감정을 읽어 내리도록 관객의 철학적 사고를 유도하는 힘도 있다.

이 작품을 통해 사랑을 찾아보려는 첫걸음에 가장 먼저 마음에 와 닿는 것은 작품의 재질인 돌이다. 돌의 성질인 딱딱함, 무거움, 닫힘, 건조함은 사랑의 감정인 부드러움, 가벼움, 풍부함의 대립적 정서이다. 그러나 이 조각을 감상할 때 우리는 이 돌이 지닌 질감을 전혀 느끼지 못한다. 오히려 두 사람이 입을 내밀고 뽀뽀하는 모습이 우리에게 전달하는 것은 천진함, 순순함, 기쁨, 행복감들이다. 돌의 본성은 사라지고 오히려 단단한 돌이 왜곡된 사랑이 가져오는 불행의 감정들을 철저히 차단하여 사랑의 기쁨만이 존재할 수 있도록 한 것 같다. 돌의 연상으로 이 작품을 주는 사유의 또 다른 주제는 돌의 무게와 남녀 사랑이 가지고 있는 질량의 관계이다. 이 작품은 설렘으로 뛰는 가슴을 안고 이루어지는 첫 만남의 입맞춤이라기보다는 서로의 익숙함에서 오는 편안함, 서로에 대해 많은 것을 알고 많은 것을 이해할 때만 얻어지는 신뢰감이 있는 그런 입맞춤이다. 서로를 이해하기 위해 들인 노력과 이를 위해 필요했던 시간이 배어 있는 사랑은 묵직한 무게를 갖고 인간의 참을 수 없는 존재의 가벼움에 질량감을 부여한다. 에로스의 성적인 사랑의 무게가 가벼운 깃털과 같다면 기나긴 시간 많은 것들을 인내하고 포용하고 참아낸 사랑은 돌의 무게보다 훨씬 값진 무게를 지니고 있을 것이다. 그러나 동시에 브랑쿠시는 이 질량감을 어린아이들의 미술 습작과 같이 단순하고 장난스러운 눈 모양과 내민 입술을 통해 조각 속에 감추어 버리고 사랑의 본질인 기쁨과 즐거움으로 표현하고 있어 남녀 사랑의 주요한 본질들을 이 단순한 표현으로 모두 담아내고 있다.

단순함에서 발견된 또 다른 특징은 조각에서 차지하는 남녀의 비율이다. 조각을 구성하는 두 남녀의 비율은 완벽한 1:1이다. 남녀의 헤이스디일을 통해 살짝 표현한 성별 구별이 없었다면 아마 남녀 구별을 하지 못했을 것이다. 클림트의 여성을 누르는 것 같은 남성의 자세와 수줍은 듯 웅크린 여성의 몸이 아닌 같은 눈높이, 같은 몸의 크기, 같은 길이와 같은 높이의 팔 포옹 등 수학적인 공간 분할을 통해 남녀 평등을 잘 표현하고 있다. 아마도 브랑쿠시가 표현하고 싶었던 남녀의 사랑에는 갑과 을이 있을 수 없고 지배하고 지배당하는 위계도 존재하지 않는 평등한 사랑일 것이다. 위로받기보다는 위로하고 싶고, 이 해받기보다는 이해하고 싶고 사랑받기보다는 사랑하고 싶은 이 마음 이 어느 한쪽의 것이 아닌 두 사람 모두에게 동일한 무게로 존재한다면 남녀의 사랑은 완전한 비율로 완성할 수 있다는 것을 보여주는 듯하다. 간단한 선과 면으로만 되어 있는 이 작품은 남녀의 사랑을 간결하게 묘사하는 듯 위장하지만, 남녀의 사랑이 지녀야 하는 모든 사랑의 본질을 보여 주면서 '사랑은 이런 거야.'라고 관객들을 교육하고 있는 듯하다.

중년(성숙)(1899-1913), 까미유 클로델(Camille Claudel),
파리, 로댕 미술관, 오르세 미술관 소장.

남녀의 사랑은 아름답지만, 때론 매우 위태롭기도 하다. 조각가 로댕과 그의 제자 까미유 클로델의 사랑 이야기는 널리 알려졌다. 두 사람의 사랑을 조각한 로댕의 '입맞춤'과 대조적인 까미유 클로델의 '중년(성숙)'이라는 이 조각은 까미유 자신의 이야기라고들 한다. 성숙된 나이라는 프랑스어 제목을 우리나라에서는 '중년'이라는 제목을 주로 사용하고 있다. 혹은 '운명'이라고 불리기도 하고, '사람의 인생'이라고 불리기도 한다. 이 조각에 등장하는 세 명의 인물은 인간 삶의 과정을 상징적으로 나타내고 있다. 가운데 초로의 슬픈 얼굴은 한 중년 남자는 나이 든 여성의 다정한 듯한 몸짓의 인도를 받지만, 거부할 수도 선택할 수도 없는 길을 떠나야 하는 운명적인 인생의 노후를 의미한다. 이 늙은 여성은 로마 신화에 등장하는 여신으로 인간의 탄생부터 죽음까지를 지배하고 있는 운명의 여신 클로토(Clotho)이다. 이 여성과는 반대로 오른편의 여성은 젊음을 상징한다. 조각의 이야기는 늙어가는 남성이 자신의 손으로 젊음을 잡으려 하지만, 노력과는 무관하게 이미 운명에 이끌려 가야 하는 거부할 수 없이 늙어 가는 인생을 설명하고 있다. 그러나 이러한 스토리 이면에는 까미유의 운명적 이별 내용이 들어 있다. 이 조각은 까미유가 로댕에게서 이별을 통보받고 자신의 감정을 상징적으로 조각한 것이다. 로댕을 사랑하고 그와 결혼을 간절히 바랐던 까미유는 자기에게 헤어지자는 통보를 하고 오래전부터 동거하고 있는 로즈에게로 돌아가는 로댕을 잡고 싶은 그녀의 절절한 감정을 이 젊은 여성의 몸짓을 통해 그대로 표현했다. 너무나 애처로워 보고만 있어도 마음이 아픈 이 젊은 여성의 몸짓은 어쩔 수 없이 떠나야 하는 남성의 감정을 슬프게 압도하고 있다. 특히 무릎을 꿇고 두 손으로 애원하는 몸짓은 자신의 모든 것을 다 내려놓고 오직 한 남성만을 위한 삶을 맹세하는 듯한 강렬함으로 더욱더 절실하게 표현되어 있다. 그러나 운명의 여신이 이 중년 남성을 데리고 가듯 까미유는 이미 로댕과의 사랑이 가져올 운명적 결과를 알고 있었다. 운명을 거역할 수 없는 것과 같이 어쩔 수 없이 자기를 버리고 로즈에게로 돌아갈 수밖에 없는 것이 로댕의 운명인 것처럼…. 그럼에도 불구하고 무릎을 꿇고 애절하게 로댕을 잡고 싶은 까미유의 진심은 많은 사람이 생각했던 로댕의 그늘에서 벗어나 자신의 예술적 능력을 인정받고 싶어하는 예술가로서의 마음보다는 로댕의 남성적인 사랑을 더 원했던 여성이었음을 세상 사람들에게 이야기하는 것 같다. 사랑의 감정이 절정에 달해 있을 때 상대방의 사랑을 잃을 것 같은 긴박한 순간이 닥치면 자신의 모든 것을 바쳐서라도 그것을 갖고 싶은 사랑의 그 안타까운 속성이 까미유를 지배하고 있다. 그러나 이미 다른 곳으로 떠나가 있는 로댕에게는 이 젊은 까미유의 애절한 사랑의 호소가 귓전에만 맴돌고 있을 뿐 마음으로 들어오지 않는다. 사랑이 상호적이라고 하는 것은 바로 이러한 감정의 이질감이 존재하면 이미 사랑은 이룰 수가 없기 때문이다. 사랑의 시작은 상당히 상호적이며 그 속도도 매우 빠르다. 그러나 사랑이 지속되는 과정에서 이 상호성은 여러 가지 심리적 갈등, 사회적 관계, 가끔은 이기적인 감정의 계산으로 깨어지게 된다. 이 상호관계에서 여성은 초지일관하게 자기감정을 충실하게 갖고 가려 하지만 남성은 감정의 일관성이 여성보다 많이 떨어지는 것이 일반적인 남녀의 차이이다.

이들의 삼각관계에서 까미유와 대칭점에 있었던 로댕의 동거녀 로즈의 이야기를 빼놓을 수가 없다. 로댕이 가난했던 젊은 시절에 로댕의 모델을 해 주었던 로즈는 까미유 같은 예술가의 능력도 없었고, 교육도 많이 받지 못했으며, 미모가 까미유보다 더 뛰어난 것도 아니다. 그러나 로댕에 대한 그녀의 헌신적인 사랑은 헌신의 완결이라 해도 과언이 아닐 정도였다. 오늘날은 동거에 대해 거부감이 덜하지만, 당시는 결혼을 하지 않고 동거를 하는 여성에 대한 편견이 아주 많았다. 그런 사회에서 청혼의 의사가 전혀 없었고, 여성 편력이 심했던 로댕을 위해 자신을 모두 바친 그녀의 헌신은 일반적인 판단을 넘어서는 수준이었다. 두 사람 사이에 아들이 있었음에도 이 아들에게 자신의 성을 주지 않았던 매정한 로댕을 늘 곁에서 지켜 주었던 로즈. 그녀는 한 인간으로서 자존심이 없었을까? 그녀의 사랑에는 헌신만이 존재했을까? 그녀에게 사랑은 무슨 의미인가? 여성으로서 너무나 많은 질문을 하게 된다. 결국 로댕은 늙은 나이에 병이 들었을 그때서야 비로소 로즈의 헌신적인 사랑에 감복하여 결혼하게 되지만, 결혼 후 2개월도 못 채우고 로즈는 폐렴으로 로댕 곁을 떠나게 된다. 안타까운 일이기는 하지만 이미 로즈에게는 로댕과의 결혼은 별 의미가 없었으며 단지 하나의 서류상 의식일 뿐이었다. 까미유가 그렇게 원했던 로댕과의 결혼이 이 여성에게는 별 의미가 없다는 것은 무슨 차이일까? 인정이라는 단어가 떠오른다. 까미유는 타인들로부터 로댕의 부인임을 인정받고 싶어 했고 결혼을 통해 부인으로 인정받음으로써 로댕을 소유

그림에서 여성을 읽다

하고 싶었을 것이다. 그러나 로즈에게는 객관적인 인정이 필요하지 않았다. 이 여성에게는 사랑에 대한 신뢰가 너무나 크게 자리 잡고 있었기 때문에 그 어떤 소용돌이에서도 의연할 수 있었던 것이다. 자기 외에 여러 여자를 만나도 결국 언젠가는 자신에게 돌아올 수밖에 없다는 로댕의 사랑에 대한 스스로의 신뢰가 아니었나 싶다. 마치 죽음으로 돌아가야 하는 인간의 운명을 이끄는 이 조각의 늙은 여성의 당당함처럼 말이다. 이러한 사랑에 대한 믿음으로 그녀는 사랑을 저울질하지 않았고 주는 것만으로도 충분히 만족할 수 있었으며, 그 사랑은 우직하고 단순하고 한결같을 수 있었다. 이는 남녀 간의 에로스적 사랑이 아닌 아가페에 가까운 사랑이라고 감히 이야기할 수 있다.

남녀의 사랑은 너무나 다양하고, 너무나 개인적이고, 또한 너무나 깨지기 쉽다. 이는 인간의 감정은 환경에 따라 변화되기 때문이다. 그러나 남녀 사랑에서의 교과서적인 교훈은 '사랑은 신뢰가 기반이 될 때 이루어지는 것'이라는 에로스가 프시케에게 전한 말로 명확하게 정의된다. 로댕을 사랑했던 두 여성, 까미유와 로즈의 사랑 중 진정한 사랑의 신뢰는 어떠한 경우에도 배반하지 않고 참아내고 기다리는 로즈의 사랑으로 귀결된다. 그러나 왜 이러한 신뢰는 여성에게만 강요되고 있는지, 로댕의 진실되지 못한 사랑에 왜 여성들만이 상처를 입어야 하는지, 남녀 사랑에도 남녀의 차이가 아닌 차별이 존재하는 것이 생물학적 요인인지, 아니면 남성 위주의 사회환경적 요인인지, 이 조각 속에 들어 있는 두 여성의 다른 모습이 이러한 질문을 유도하고 있다.

슬픔(1882), 빈센트 반 고흐(Vincent Van Gogh),
암스테르담, 반 고흐 미술관 소장.

이 그림은 자세히 들여다보지 않고 멀리서만 보아도 강렬하게 전해지는 슬픔이 관객의 연민이나 공감을 강하게 끌어낸다. 고흐가 경제적으로 힘든 시절 물감 구입비를 아끼기 위해 연필로 스케치했다는 후문도 전해지지만, 색이 없는 연필의 담백함과 간결한 선으로 그려진 것이 오히려 슬픔의 감정을 더 부각시키고 있다. 또한 검은색의 연필 드로잉은 옷을 걸치지 않은 여성의 몸과 일치하면서 박탈의 이미지를 극대화하고 있다. 이 그림은 고흐가 그린 유일한 나체화이지만, 다른 나체화와는 전혀 상반된 이미지로 여성 육체의 외적인 미적 가치보다는 삶의 쾌락의 반대편에 있는 슬픔과 고뇌를 그대로 쏟아내고 있다. 슬픔은 여성의 숙인 얼굴, 늘어뜨린 머리카락에서부터 아무것도 신지 않은 맨발에 이르기까지 인간의 그 많은 감정이 다 뺏기고 오로지 절망만이 남아 있는 외로움으로 압축되어 있다. 만약 이 여인이 옷을 입고 이런 포즈를 취했다고 가정한다면 아마 슬픔의 감정은 상당히 축소됐을 것이다. 이 그림의 벌거벗음은 성적인 자극을 위해 아무것도 걸치지 않은 능동적 벗음이 아니라 아무것도 입지 못한 수동적인 뺏김의 이미지로 잃어버리고 버림받은 강제적 결핍의 이미지가 강렬하다. 강제성은 무언가 강력한 권력과 철통같이 견고한 사회적 편견 앞에 너무나 무력해 저항할 수 없는 운명적 비극을 만들어 준 힘을 의미한다. 희망이라는 것을 잃은 지 오래이고 삶의 의지가 다 사라진 슬픔의 원인은 개인마다 다르겠지만, 이 그림을 보면 이 여성의 결핍은 따뜻함, 이해, 배려, 사랑과 같은 감정적 보호의 결핍이었을 거라고 짐작할 수 있다. 고흐 마음의 눈은 이 여성의 이런 면을 포착하여 그것을 보여 주고 싶었을 것이다. 이 여인과 고흐의 사랑 이야기를 들어 보면 이러한 추측이 어느 정도 수긍이 간다. 길가에서 우연히 배고픔과 추위로 떨고 있던 매춘 여성인 이 여인을 보게 된 고흐는 연민과 동정으로 이 여성을 데려다 돌봐 주게 된다. 이후 고흐는 자기 그림의 모델이 되어 주기도 한 이 여성과 남녀 간의 이성적 사랑을 이루어 간다. 헐벗고 굶주린 매춘녀로 그 누구의 관심도 받지 못하고 오히려 질타와 비난의 대상이 되었던 이 여인에 대한 고흐의 사랑은 자연적이고 인간적인 순수성이 녹아 있다. 대부분 남녀의 사랑은 순수한 감정과 내적인 가치를 보기보다는 외적으로 드러난 계층과 취향의 탐색 과정을 거치는 경우가 많다. 그러나 고흐가 이 여인을 사랑하게 된 것은 외면의 코드보다는 슬픔만을 안고 있는 이 여성에 대한 연민의 사랑으로 외적으로 드러난 가치엔 전혀 관심이 없었다. 즉, 그림 속 여인의 나체처럼 사회적 옷이나 기준을 모두 배제한 순수한 감정의 사랑을 하게 된 것이다. 고흐가 지닌 사랑의 가치체계는 다른 일반인들의 사랑과는 다른 것으로 고흐의 유일한 지지자였던 동생 테오조차도 아이까지 데리고 온 매춘 여성과 형의 관계를 이해하지 못했다. 수많은 갈등과 번민이 두 사람 사이에 존재하고 결국 이 여성은 고흐 곁을 떠나지만, 고흐가 자살한 후 몇 년 뒤에 이 여성도 자살로 힘든 생을 마감하게 된다.

이 그림에서 보여 준 여성의 슬픔은 고흐가 갖고 있었던 고흐 자신의 감정이기도 했을 것이다. 사회적 규범과 판단에서 벗어나기를 원했던 고흐는 그것들의 판단으로 사회에서 고립되었으며 인정받지 못하는 것에 대한 자기 연민과 인간적 고뇌를 늘 안고 살았다. 그러므로 고흐는 그러한 자기와 동일한 환경에서 그것을 운명으로 받아들이고 슬퍼하는 이 여인과 자신을 동일시했을 수도 있다. 자기애와 인류애가 동시에 공존하는 이 여인과의 사랑은 말초적인 인간의 설레는 감정보다 더 본질적이고, 더 단순하고, 그래서 더 강하다. 이 여성이 느꼈었던 행복한 순간을 그림으로 표현했을 수도 있지만, 고흐가 가지고 있는 이 여성에 대한 사랑은 육체적 욕망을 추구하는 사랑보다는 늘 이 여성의 슬픔에 대한 연민의 사랑이었기 때문에 그것을 이렇게 그림으로 표현했을 것이다. 결국 헤어지는 것으로 두 사람 간 사랑의 관계는 매듭을 짓게 된다. 남녀 간 사랑의 결실이 결혼이나 계속되는 지속감이라 한다면, 분명 고흐와 이 여성의 사랑은 실패한 사랑일 수 있다. 그러나 고흐의 연민적 사랑은 결과보다는 과정이 중요하고, 목적과 수단보다는 감정의 본질에 더 가치를 두고 있었기 때문에 이 그림 한 장은 고흐가 지닌 사랑의 가치관을 확실하게 각인시켜 주는 것이다. 남성의 시각에서 본 여성의 측은함, 애처로움은 대부분 남성에 의해 가해진 비극적 감정이지만, 이 여성의 비극은 사회가 준 비극이고 규범이 정해 놓은 선에 들지 못한 사회적 배제자들의 비극임을 고흐는 놓치지 않고 있다. 자살로 생을 마감한 두 사람의 사랑은 행복하고 기쁜 설렘보다는 무겁고 어두웠지만, 두 사람의 만남에 대해 진한 사랑의 공감대가 얼마나 크게 존재했었는지 조금은 알 것 같다.

3/
성적 욕망으로 표현된
여성의 몸

수잔과 두 노인(1700년경), 지우제페 바르톨로메오 치아리(Giuseppe Bartolomeo Chiari), 볼티모어, 월터 아트미술관 소장.

이 그림은 구약성경 다니엘서에 있는 내용을 그린 것이다. 아름다운 여인 수잔에 대해 음흉한 마음을 품은 두 노인이 수잔을 성추행하려다 뜻대로 되지 않자 수잔에게 죄를 씌워 사형에 처하게 하지만, 결국 다니엘 성인의 도움으로 두 노인의 음모가 밝혀진다는 이야기이다. 이 내용을 그림으로 옮긴 대부분의 화가들은 수잔의 미모에 반한 두 노인이 정원에서 목욕하는 수잔에게 다가가 성추행하는 장면을 그리고 있다. 화가들이 이 그림을 그린 것은 성경의 내용을 전달하기 위해서 그린 것보다는 여성의 나체를 그리기 위해 이 이야기를 이용한 가능성이 더 높다. 아름다운 수잔의 나체를 그림 중앙에 두고, 뒤에는 음흉한 표정을 한 두 노인을 배치한 구도는 관객에게, 특히 남성 관객들을 노인들의 자리에 대치시키면서 수잔의 아름다운 육체를 감상하도록 유도하는 듯하다. 즉, 아름다운 여성의 나체를 부각하여 그림 속 노인과 그림 밖 남성 관객에게 여성미의 표현이라는 구실로 일종의 유희적 실체를 선사하고 있는 것이다.

이러한 여성 몸을 남성들의 성적 욕망을 위한 대상으로 그려진 그림들은 드물지 않다. 성경의 내용은 두 노인 남성이 처벌을 받는 것으로 결론이 나지만, 이 그림을 감상하는 남성들의 욕망은 상상이라는 단서로 묵인된다. 두 노인의 이성적이지 못한 성욕의 피해가 고스란히 여성에게 전가되는 다니엘서 이야기는 오늘날까지 이어져 내려와 남성들의 성추행 추문의 사건들이 끊이지 않고 있다. 남성들의 성적 행동이 여성들에게 가한 피해뿐 아니라 그들의 자기 변론도 구약시대 두 노인이 했던 것과 너무나 흡사하다. 이 두 노인이 당시 높은 사회계층 원로였던 점을 근거해 보면 남성들의 비도덕적 성적 추행은 교육 수준이나 지도계층의 도덕적인 양심과는 무관한 듯하다. 남성의 이러한 성적 욕구에 대한 자제력 결핍은 프로이트가 주장하는 남근 사상에서 비롯된 것일 수도 있고 무의식의 세계에서 형성되었어야 할 성격 형성기제의 미완성에서 비롯되었을 수도 있어 그 원인 규명이 아주 불가능한 것은 아니다. 그러나 남성 성격 형성의 문제를 차치하고 여성의 입장에서 보면 남성들의 욕망을 해소하는 하나의 도구로써 여성을 보는 비도덕적인 인격 수준과 너무나 유아적인 이기심이라 해도 지나친 말이 아닐 것이다.

역으로 가정해 본다면 만일 수잔이 자신의 딸이나 여동생 혹은 자기 부인이었다면 가해자의 이러한 추행에 어떤 반응을 보일지 자못 궁금해진다. 추행하는 장면에서 우리는 수잔의 두려워하는 표정과 손으로 노인을 밀어내는 방어가 체면, 도덕과 같은 인격은 모두 사라지고 원초적인 본능만 존재하는 두 노인의 음흉한 동물적 욕망에 압도되어 저항이 너무나 무력함을 느낄 수 있다. 이 그림은 육체에 대한 남성과 여성의 양극적 대립을 잘 묘사하고 있다. 진실된 사랑이 아닌 단지 여성의 외모에 대한 호기심과 이 여성의 외모로 긴장된 성적 욕망을 순간적 쾌락으로 즐기려고 하는 두 남성이 한 편에 있고 반대편에는 사회규범과 도덕적 신념으로 순간적 쾌락에 대한 자기방어를 하는 여성인 수잔의 저항이 팽팽하게 대립구도로 맞서고 있다. 그러나 수잔이 더 힘들었던 것은 사회적 편견으로 사회는 남성의 성적인 행동이나 욕망에 대해서는 관대하고 여성에게는 편견과 냉혹한 도덕적

그림에서 여성을 읽다

잣대를 사용하고 있었던 점이다. 이러한 사회적 잣대로 노인들의 비이 성적인 성적 욕망은 묵인되고 정서적, 심리적 피해를 입은 수잔은 사회적 비난과 질타를 더한 이중적 피해를 입었던 것이다. 수잔이 살았던 구약시대를 2,000년이 넘게 지나온 오늘날에도 수잔과 같이 성적으로 피해를 입은 여성들이 아픔을 호소하고 있다는 것은 두 노인과 같은 비도덕적이고, 이기적인 남성들이 여전히 존재하기 때문이라는 인정하고 싶지 않은 사실로 마음이 무거워진다.

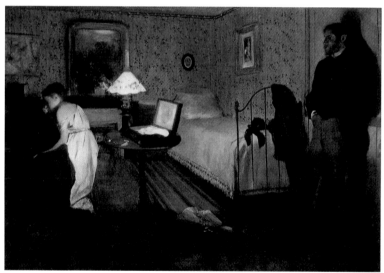

실내(폭력)(1868~1869), 에드가 드가(Edgar Degas), 필라델피아, 아트 미술관 소장.

남녀의 은밀하고 위험한 사랑을 표현한 그림 중에 많은 이들의 주목을 받는 대표적인 작품으로는 에드가 드가의 '실내'와 프라고나르의 '빗장'이라는 작품을 들 수 있다. '실내'라는 제목을 가진 그림은 '폭력'이라는 제목을 사용하기도 한다. 실내와 폭력은 전혀 연관성이 없는 다른 개념을 갖고 있지만 폐쇄된 공간인 실내에서 벌어지는 폭력을 상상해 볼 수 있다. 내용을 모르고 그림만 보게 되면 남성이 여성을 범하는 성적 폭력으로 이해하기 쉽다. 그러나 이 작품의 배경을 알게 되면 폭력의 다른 의미를 발견하게 된다. 드가는 평소 문학작품의 내용을 그림의 주제로 이용하는 것에 비판적인 견해를 가지고 있었다. 하지만 이 그림의 배경은 당시 에밀 졸라의 『테레즈 라깡(Thérèse Raquin)』에서 모티브를 가져왔다고 전해지고 있다.

졸라의 소설 내용은 이러하다. 병을 앓고 있는 남자와 원치 않은 결혼을 하게 된 한 여성이 우연히 알게 된 남편의 친구와 사랑을 하게 된다. 두 사람은 서로의 사랑을 필연적 운명이라 확신하고 결혼을 하기 위해 결국 남편을 살해하는 극단적인 방법을 선택하게 된다. 이 그림은 두 남녀의 계획에 의해 남편은 살해되고, 둘의 희망이었던 결혼식을 마친 후 함께 방에 들어와 있는 장면을 그린 것이다. 이 그림의 이미지는 발레리나를 주제로 많은 그림을 그린 드가의 그림 주제와 표현기법 등과 매우 이질적인 면을 보여 주고 있다. 어두운 실내에 작은 전등이 표현한 빛의 콘트라스트는 두 남녀 감정의 콘트라스트를 절묘하게 표현하고 있다. 사랑의 정당성을 얻기 위해 극단적인 방법을 택하고 바라던 목적을 이루어 둘만의 행복을 꿈꾸었지만 기대와는 다른 감정이 엄습하고 있는 두 남녀의 모습은 어두운 실내의 조명과 같은 암울함으로 사랑의 흔적을 찾아볼 수가 없다. 어깨를 늘어뜨리고 후회와 번민 그리고 자괴감으로 괴로워하면서 고개를 숙인 여성과 이 사건과는 무관한 표정으로 주머니에 손을 집어넣고 문 앞에 두 발을 당당히 딛고 있는 남성은 한 사건을 공모한 커플의 표정이 아니다. 폭력이라는 제목은 두 남녀가 남편에게 사용한 물리적인 힘이기도 하지만, 잘못된 사랑이 가져온 두 사람의 심성에 들어선 감정적 폭력이기도 하고 지금 이렇게 당당하게 서 있는 남성이 여성에게 가하는 정신적인 폭력이기도 하다. 여성에게 비추어진 빛은 여성이 지은 죄의 사회적 고발을 의미하고 있지만, 반대로 어둠 속에 당당히 서 있는 남성은 사회적 고발이 묵인된 스스로의 합리화로 면죄를 가장하고 있는 듯하다. 마치 선악과를 따 먹은 아담과 이브의 행동에 대해 이브에게만 죄를 묻고 있는 창세기의 이야기가 겹쳐지는 장면과도 같다.

드가가 사용한 남녀의 상반되는 이미지에서 우리는 남녀차별의 사회적 인식을 피할 수가 없음을 확인할 수 있다. 이러한 소설의 내용을 모르더라도 이 그림 자체가 보여 주고 있는 전체적인 분위기는 어두운 실내를 조성하는 빛의 명암이 주는 암울함이다. 저녁 시간을 알려 주는 실내의 부분 조명은 방 안의 명암을 이용한 인간 내부의 감정적 명암, 남녀의 지배구조의 명암, 사회적 도덕적 인식의 명암 알레고리이다. 드가는 이러한 남녀 간의 폭력적인 사랑을 통해 사회적 폭력을 고발하고 싶었는지도 모른다. 이기적인 이해관계에서 비롯된 부정과 불의 그리고 이로 인해 늘어나는 사회적 피해자와 사회적 배제자들을 알리고 싶었을 것이다.

다시 사랑 이야기로 돌아가서 이 그림을 통해 드가와 졸라 이 두 사람이 우리에게 던져 준 사랑에 관한 몇 가지 문제를 생각하게 된다. 진정한 사랑이란 무엇인가? 쟁취하는 것인가? 바라만 보고 있어야 하는가? 사랑하지 않는 사람과의 결혼은 파기해도 되는가? 도덕적으로 참아내야 하는가? 사회적 규범과 도덕적인 규율에서 자유롭다는 것은 무슨 의미인가? 등등…. 이 여인의 남편은 연정관계였던 두 남녀에게는 사랑의 걸림돌이었지만, 사회적 규범이기도 했다. 신이 인간에게 허락한 자유가 사회적 규범을 무시하는 자유는 아니었을 것이다. 결혼과 사랑은 인간 존재의 중요한 목적이기도 하지만, 변화되는 인간의 감정으로 늘 인간 역사 속에서 문제의 발단이 되는 단초가 되기도 한다. 진정한 사랑은 버리는 것이지, 취하는 것이 아니라는 것을 뒤늦게 깨닫게 된 두 남녀의 감정은 이 실내의 분위기처럼 암울하고 침체되어 있고 냉랭할 뿐이다. 드가가 나타내고 싶었던 것은 긍정적 관계를 통해 분출되는 사랑의 긍정적 에너지, 정서적 풍요로움 등이 이기적인 소유욕으로 왜곡될 때 발생하는 감정의 굴레, 자괴감, 자멸감의 상징적 이미지였을 것이다. 그러므로 제목 '실내'는 잘못된 사랑으로 피폐한 감정을 품고 자신 안에 갇힐 수밖에 없는 폐쇄된 마음의 공간을 의미하는 것 같다.

빗장(1778), 장 오노레 프라고나르(Jean-Honoré Fragonard), 파리, 루브르 박물관 소장.

　이 그림은 남성의 공격적인 모습과 여성의 저항적인 모습이 상반되는 듯 보이나 오히려 서로에게 몰입하는 듯 관능적인 남녀 사랑의 강한 전주를 알려 주는 분위기가 강하다. 배경은 '실내'의 그림에서와 같이 밀폐된 공간이지만, 두 그림이 주는 분위기는 상당히 대조적이다. 그림 '빗장'의 명암은 암울한 명암이라기보다는 생동감과 리듬감을 표현하는 명암으로 두 남녀의 역동적인 거부와 수용의 몸짓을 강한 조명으로 극대화하여 사랑의 절정을 보여 주고 있다. 까치발을 한 남성다리와 엉덩이의 팽팽한 근육은 사랑의 긴장감을 상징하고 있으며,

한 손으로 여성의 허리를 잡고 한 손으로는 여성의 거부를 막는 빗장을 채우는 동작 역시 남성이 가진 사랑의 긴박감을 강하게 표현하고 있다. 반면 남성의 행동을 거부하는 듯 보이는 이 여성의 몸짓은 오히려 적극적인 수용이라는 것을 곳곳에서 찾아볼 수 있다. 날아갈 듯 한쪽 발을 든 모습은 거부의 중압감이라기보다는 오히려 경쾌한 율동과 같아 즐거움과 설렘을 표현하고 있다. 남성의 얼굴과 멀어지려는 여성의 얼굴은 관능적인 제스처의 전형적인 모습으로 긴 목선을 드러냄으로써 오히려 유혹적인 자세를 취하고 있다. 두 남녀의 어우러진 몸짓만 본다면 남녀의 사랑을 표현하는 발레 한 장면을 그린 것과 흡사하다. 특히 여성이 취하고 있는 몸짓은 강압적인 남성의 몸짓에 대한 감정의 갈등보다는 수용하는 적극성을 보여 주고 있다. 그래서 그림 제목인 '빗장'은 도망가려는 여성의 거부를 빗장으로 막으려는 것보다는 자신들의 사랑을 즐기기 위해 타인의 출입을 막는 빗장의 의미로 더 다가온다. 이들의 사랑을 더 정확하게 전달하기 위해 화가는 아직 깨물지 않은 사과를 그려 놓고 아직 사랑이 시작되지 않고 있음을 알리고 있지만, 두 남녀의 역동적인 움직임을 보면 곧 사과의 모양이 달라질 거라는 것을 암시하고 있다. 수잔과 늙은이에서 본 여성의 육체를 탐하는 남성의 성적 욕망과는 다르게 이 그림 속 남성의 몸짓은 여성을 압도하는 듯하지만, 오히려 여성을 사랑의 기쁨으로 리드하고 있다. 이 차이는 남성 태도에 대응하는 여성의 몸짓과 표정으로 알 수 있다. 이 그림은 남성의 적극적인 구애뿐 아니라 이에 응하는 여성의 몸과 표정으로 젊은 남녀의 즐겁고 설레는 사랑을 보여 주고 있다.

그림에서 여성을 읽다

여성은 본능적으로 강한 긍정의 사랑을 자존감을 유지하기 위해 강한 거부로 표현하기도 한다. 그러나 사랑하는 남녀 사이에 서로 간 감정 교류와 감정의 공통분모가 존재한다면 여성의 이러한 저항을 상대방 남성이 간과할 리가 없다. 이러한 은밀한 감정을 위해 신은 인간에게 본능적으로 감정을 확인하는 육감을 주지 않았나 싶다. 문제는 이러한 능력을 감추고 변명하는 남성들이 여전히 육적인 욕망과 사랑을 혼동하는 척할 뿐이다. 상대방 사랑의 감정을 확인하는 것은 타인이 알려 주는 것이 아니라 자기 내면의 소리에 귀 기울이면 얼마든지 청취가 가능하다. 이런 점에서 빗장은 두 남녀가 서로의 사랑 소리를 듣고 단지 저항을 가장한 수용이라는 사랑의 기교가 잔뜩 들어 있는 그림이다. 마치 모차르트의 음악을 듣고 있는 것과 같이 경쾌함과 밝음을 선사하는 기분 좋은 청춘남녀의 사랑을 보고 있는 듯하다.

4/
성의 상업화

　여성의 성적표현은 종교와 사회문화적 요인으로 금지됐지만, 인간의 본능적 감정이기에 늘 은폐된 곳에서 은밀하게 표현되었다. 여성들의 감정표현이 봉쇄된 것은 여성들의 자율적 결정이 아니라 사회도덕과 시대적 행동기준에 의한 강압적인 것이었다. 여성의 몸은 남성들의 성적 욕구를 충족시키는 도구적 역할로 남성의 몸과 여성의 몸은 지배와 피지배 구조로 사회화되었다. 여성의 성적 욕구가 결혼에 의해서만 허락된 사회에서 몸을 상품화하는 것은 비도덕적일 뿐 아니라 반규범적인 것으로 규정되어 성매매 여성들에 대한 질타를 정당화하여 온 것이다. 상품의 매매는 공급자뿐만 아니라 수요자가 존재해야만 가능한 상호적 관계임에도 불구하고 수요자에 대해서는 관대한 것 하나만으로도 남성중심 사회에서 여성들이 감내해야 하는 불평등과 차별을 충분히 이해할 수 있다. 그러나 이러한 성적 불평등에 대한 여성들의 반격은 성적 자기주장과 자유로운 몸의 표현 그리고 감정표현의 자유라는 인식의 변화뿐 아니라 남성과 동등하게 성을 누리는 권리로까지

이어지게 되었다

　이러한 변화가 시작되는 시기에 성매매 여성의 당당함을 그린 18세
기 그림 두 점을 소개한다. 하나는 마네가 그린 '풀밭 위의 점심 식사'
이다. 그림이 처음 전시되었던 당시 이 그림에 대한 사회적 비난이 대
단했다고 전해진다. 비난의 대상은 당연히 나체로 풀밭에 앉아 있는
그림 속 여성이었다. 티치안(titian)의 '전원의 합주'와 흡사한 이 그림은
전원의 합주와는 다르게 많은 비판과 질타를 받았는데 그 이유는 티

풀밭 위의 점심 식사(1863), 에두아르 마네(Edouard Manet), 파리, 오르세 미술관 소장.

치안 그림에 등장한 나체의 여인은 인간이 아닌 신이기 때문에 외설이 아니라는 것이다. 신의 나체가 비난을 받지 않는 이유는 신들의 나체는 인간의 저급한 성적 욕망이 없는 순수성을 갖고 있기 때문에 육체의 미적 가치만을 지니고 있다는 것이다. 이 해석을 역으로 하면, 인간의 나체는 저급한 욕망을 드러내고 있어서 인간의 고고한 정신적 가치를 손상한다는 논리이다.

그러나 마네는 나체의 모델로 실제 여성을 기용했을 뿐 아니라 도덕적 질타의 표적이 되는 성매매 여성을 그렸다. 정장을 차려입은 남성과 나체 여성의 대립구조를 통해 남녀의 종속관계, 가부장적 사회질서 그리고 여성의 도구적 지위와 역할에 대한 사회적 비판의 메시지를 전달하고 있다. 이 그림은 구도는 두 명의 남성과 두 명의 여성이 햇볕이 가득 내리쬐는 이른 오후에 점심 식사를 하기 위해 만났지만, 남녀가 상당히 이질적인 모습을 보여 주고 있다. 두 명의 남성은 정장을 갖추어 입었으며, 한 남성은 모자까지 쓰고 있다. 반면 한 여성은 완전 나체이고, 뒤에 있는 여성은 속옷만 걸치고 있다. 이 설정은 한자리에 있는 남녀의 사회적 신분 차이를 상징하고 있다. 성적평등에 근거했다면 남성도 나체여야 했다. 그러나 자발적 벗음이 아닌 벗김과 같은 여성의 나체는 이 여성이 남성의 성적 유희를 위한 도구라는 것을 고발하고 있다. 굳이 여성의 의복을 벗기지 않아도 남녀차별이 일반화된 당시 사회에서 여성을 나체로 등장시킨 것은 일종의 남성 권력 취향이며 권력 과시이다. 그러나 이러한 남녀의 차이보다도 이 그림이 관객의 시선을 집중시키고 있는 것은 나체의 모습을 한 여인의 시선이다. 서로 이야기를 나누는 두 남성과 그들의 대화에는 관심이 없는 듯이 여인은 그림을 감상하는 관객을 뚫어지게 응시하고 있다. 매춘을 하는 나에게 돌을 던지고 싶은 건가? 아니면 성매매 자체를 비난하고 싶은 건가? 돌을 던지고 싶다면 어서 던져 봐라! 하는 당찬 자존감까지 느껴진다. 당당함은 자신의 육체에 대한, 직업에 대한 그리고 남성에 대한 당당함이다. 사회적 체면으로 옷을 벗지 못하고 있는 남성들과는 대조적으로 완전 나체로 앉아 있는 이 여성은 사회적 통제로부터의 해방, 사회계급으로부터의 자유로움을 갖고 관객과 옆에 있는, 당시 부르주아 계급 남성들의 가식적인 이중성을 비웃으면서 그들의 위선을 뚫어지게 쳐다보고 있는 듯하다. 매춘 여성의 존재를 인정하면서도 매춘 제도에 적의를 보인 서양문화의 이중적인 성적규범은 기독교 문화와 융합되면서 더욱더 그 모순성을 강화해 왔다. 남성지배구조에서 남성들의 성적도구로써만 성매매를 인정한다면 성매매 여성들은 심각한 가부장적 자본주의의 희생자가 된다. 성매매 여성들을 옹호하는 페미니스트들은 이들의 권리보호와 남성 성적 취향의 도구로써 여성의 상품화를 반대하고 있다. 성매매를 육체의 상품화로 해석하게 되면 이는 노동의 측면에서도 해석이 가능하다. 그러나 거의 모든 사회에서 노동으로 인정하지 않는 것은 성적 행위에 대한 도덕적인 인식 때문이다. 앞에서 이미 설명한 바와 같이 남녀의 성적관계는 결혼이라는 전제조건이 충족되어야 해서 이 조건 없이 이루어지는 성적관계는 죄로 단정 지어 성매매가 반도덕적임을 정당화했다. 그러나 이것이 생계수단이 될 경우 기존의 성매매에 대한 도덕가치가 흔들리게 된다. 성매매가 생계수단으로 노동이 된다면 이들의 노동권 보장은 성매매 정당성의 주장과 일치하게 된다. 그러나 여전히 우리 사회에는 사회문화적 신념과 도덕적 가치 그리고 사랑은 돈으로 살 수 없다는 인식이 강하게 존재하기 때문에 육체를 상품화하고 이를 노동으로 인정하는 사회적 합의가 어렵다. 어찌되었건 이러한 논쟁을 비웃기라도 하듯 한 치의 부끄러움 없이 모든 이가 활동하는 낮 시간에 나체로 개방된 장소인 풀밭에 앉아 관객을 바라보는 이 여성의 당당함은 그늘진 곳에서 편견만으로 존재했던 자신들의 부정적인 이미지에 대한 반항이며, 자신들을 평가하는 사회와 남성들의 이중적 위선에 대한 폭로이기도 하다.

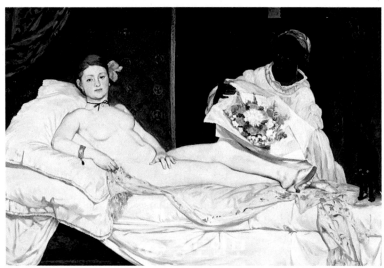

올랭피아(1863), 에두아르 마네(Edouard Manet), 파리, 오르세 미술관 소장.

마네는 또 다른 그림 '올랭피아'를 통해서 같은 메시지를 전하고 있다.

'올랭피아' 그림은 여성의 아름다운 육체를 보여 주었다기보다는 성매매 여성들에 대한 사회적 거부감과 은밀히 꽃다발을 보내는 남성들의 이중성에 대한 사회적 고발의 의미를 담고 있다. 노출의 수위를 더 높여 나체의 몸을 정면으로 보이는 '올랭피아' 역시 '풀밭 위의 점심 식사에 등장했던 여성처럼 관객을 쳐다보고 그동안 음지에서만 생활했던 자신의 사회적 커밍아웃을 외치면서 관객들의 반응을 즐기고 있는 듯하다. 그러나 마네는 이러한 올랭피아의 자유로움과 당당함에 제동을 걸기 위해 흑인 하녀를 등장시킴으로써 다시 전통적인 여성성을 슬며시 강조하고 있다. 자신의 육체에 대한 자신감과 오만함까지 드러내는 올랭피아와 누군가가 그녀에게 보낸 한 아름의 꽃다발을 전달하는 올랭피아를 부러워하는 듯한 눈길의 흑인 하녀와의 대립적 구도는 피부색, 돌봄의 위치, 외모로 구분되어 있다. 마네는 흑인 하녀와 차별되는 올랭피아의 외모에 대한 자신감과 우월감을 통해 성적 매력만을 갖고 자신 안에 갇혀 있는 여성성을 고발하고 있다. 아직 젊음이 있어 세월이 흐르면 육체의 미적 가치가 소멸된다는 것을 모르기도 하고 인정하고 싶지 않은 듯한 젊은 여성의 자기도취를 강조하고 있는 것이다. 이 해석을 뒷받침할 수 있는 것은 아름다운 올랭피아의 얼굴과 대칭된 곳에 그려진 흑인 하녀가 들고 있는 아름다운 꽃다발이다. 이 둘의 공통점은 현재는 아름답지만, 그 아름다움이 시간과 함께 사라진다는 것이다. 이러한 이중적 해석은 마네가 전혀 예상치 못한 것일 수도 있지만, 여성의 몸이 지닌 다중적 의미는 남녀관계에서 빚어지는 복잡한 심리와 결합이 되어 자존감과 더불어 나르시시즘을 유발하기 때문에 이러한 해석도 가능했다.

여성 육체의 아름다움을 표현하기 위한 단순한 목적으로 성매매 여성을 모델로 기용했을 마네의 두 그림에 너무 과한 해석을 한 것 같지만, 남성과 차별되는 여성의 지위와 성매매 여성들의 비하는 여성들에게는 늘 민감한 주제가 되고 있어서 이를 근거로 하여 간략하게 그림을 읽어 보았다.

> 아비뇽의 처녀들(1907)^{*)}, 파블로 피카소(Pablo Pocasso), 뉴욕, 현대 미술관 소장.

피카소의 그림이 미술학적으로 가치가 있는 것은 이전의 회화 양식과는 전혀 다른 큐비즘 양식을 시도한 것이다. 피카소의 큐비즘은 곡선이 아름다운 여성의 몸을 삼각, 사각의 기하학적 구조로 면을 나누어 여성의 몸이 마치 깨진 유리 조각과 같다는 평을 받기도 했다. 이 깨짐의 의미에 여성성을 접목하면 여성성의 슬픔이 더욱더 크게 다가온다. 성매매 여성들을 그린 피카소의 '아비뇽의 처녀들'의 그림을 보면 여성의 몸이 모두 각이 져 있다. 부드러운 곡선의 몸이 깨져 조각이 나고 모가 생겨 모서리마다 아픔이 배어 있는 것 같다. 이 모서리들은 다른 면들과 연결하여 자신을 회복하려 하지만, 이미 깨져 버린 본래의 자연성 회복은 너무 멀리 있는 듯하다. 이러한 이미지는 여성

----

*) 저작권 문제로 작품을 싣지 못했습니다. 작품을 먼저 찾아보고 글을 읽으면 더 큰 공감을 느낄 수 있습니다.

몸의 해체를 통해 마음의 상실을 상징적으로 보여 주고 있다. 이 상실감은 여성들의 표정으로 확대되어 황폐한 정서를 더욱 강조하고 있다. 팔을 올려 전신의 노출을 강조하고 있지만, 커다란 눈에는 감정이 소멸되어 아무것도 없는 회색빛 사막과 같은 느낌으로 가득하다. 감정의 텅 빈 공간만이 덩그러니 그려져 있어 삶의 허망함도 보인다. 한편 이러한 허망함 속에서도 분출되는 분노로 가득 찬 눈동자에는 아이러니하게도 분노가 이끄는 삶의 의지가 보인다. 이러한 감정 변화의 크레센도를 이용하여 피카소는 몇몇 여성의 눈을 모두 검은색으로 칠해 버렸다. 검은색은 어둠, 단절, 고립을 상징하면서 이들이 까만 눈을 통해 보는 어두운 세상은 이 여성들이 견뎌야 하는 세상의 어둠을 의미하고 있다. 나체의 모습으로 몸은 다 보여 주고 있지만, 마음을 꼭꼭 닫아걸은 듯한 여성들은 이렇게 사회에서 배제되고 세상으로부터 고립되어 있다. 풀밭 위에서 여성들을 벗겨 놓고 자신들은 점잖은 척 앉아 있는 남성도 없고, 올랑피아에게 꽃을 보낸 남성도 등장하지 않은 그림에는 더 강한 남성의 그림자가 짙게 드리워져 있다. 이들의 어두운 표정과 깨진 몸은 사랑의 감정 없이 육적인 욕망만을 채우려는 남성들에 대한 원망인 동시에 세상에 대한 원망이 그대로 드러나 있는 듯하다.

IV

노동하는 여성

1/
가사 노동

낮잠(1890), 빈센트 반 고흐(Vincent Van Gogh), 파리, 오르세 미술관 소장.

오전의 고된 밭일을 마친 두 부부가 밀려오는 피로를 쉬기 위해 그

늘 밑을 찾아 잠시 잠을 청하는 평화롭고 한가한 그림이다. 나른한 몸을 편히 쉬기 위해 남자는 머리 위로 깍지를 끼고, 구두까지 벗어 놓고, 그늘 밑까지 침범하는 햇볕을 가리기 위해 얼굴을 모자로 덮고 가능한 한 가장 편한 자세로 누워 있으며 그 옆에는 남편 몸쪽으로 방향을 잡은 부인이 잠을 자고 있다. 이 그림은 노동을 상징하는 밭과 그늘진 한편에 눈을 감고 누워 있는 단순한 설정으로 자연과 인간과의 관계를 설명하고 있다. 자연 속에서 쉬고 있는 휴식은 자연이 제공하는 건초가 이불이 되고 팔이 베개가 되는 것으로 충분하다는 것을 보여 주고 있어 오늘날 현대인들이 열광하는 바캉스, 해외여행 등 소비적 여가와는 대조적인 모습이다. 표정이나 디테일한 묘사보다는 단순한 선으로 처리한 인물과 황금색의 밭, 하늘과 땅이 닿은 지평선의 모든 배치와 구성이 노동 후에 맛볼 수 있는 휴식의 평안한 이미지를 강하게 전달하고 있다. 고흐가 보여 준 이러한 평온함을 통해 인간의 노동과 휴식이 갖는 본래의 의미를 생각해 보게 된다. 흙으로 빚어진 인간이 돌아갈 자연은 인간이 살아 있는 동안 생활에 필요한 것을 제공하는 공급처인 동시에 생활의 장이기도 하다. 노동은 신이 마련해 준 자연을 가꾸고 돌보면서 이를 통해 얻어지는 소출로 의식주를 해결하는 근본적인 인간 활동을 의미한다. 농경사회에서 대지는 이러한 노동이 이루어진 장이면서 관계가 맺어지는 친교의 장소이기도 했다. 대지의 작업장은 가정이 연장되는 곳으로 땅을 일굴 때도 곡식을 수확할 때도 부부가 함께 일을 하게 된다. 휴식시간도 예외가 아니다. 그림 속 나란히 놓여 있는 두 개의 낫이 이러한 관계를 상징적으로 보여 주고 있다. 남성과 여성 역할의 구분 없이 가족 모두는 집안일에 협력하는 일손, 즉 노동력이 되었다.

그러나 자녀가 생기면서 여성은 자녀 돌봄의 일이 많아져 집안에서의 가사 노동에 전념하게 되고, 대신 힘이 필요한 일은 남성이 전담하는 집안일의 형태에 따라 자연스러운 가사 분담이 이루어지게 되었다. 이러한 역할 분담은 차별이 아닌 차이에 근거한 것이다. 이 차이는 이 그림에서 표현한 여성과 남성의 잠자는 모습을 통해서도 알 수 있다. 하늘을 향해 있는 남성의 자세는 세상을 향해 있고, 남성의 몸을 향해 있는 여성은 남성에 의존해 있는 모양이다. 고흐만의 남성관과 여성관이라고 해도 반박할 근거는 없지만, 이러한 남녀 자세에 대해 거부감이 없는 것은 자연스럽게 받아들여지는 사회적 인식 때문이기도 하다. 농촌에 나가 함께 일을 해도 힘든 일은 남성이 맡고, 잔손이 가는 세밀한 작업은 여성이 맡는 자연스러운 분업을 남녀차별, 불평등이라고 하지 않는다. 서로 등을 돌리고 누워 있거나 함께 하늘을 향해 누워 있는 자세가 아닌 남성을 향한 여성의 몸짓은 남성에 대한 의존도 있지만, 남성에 대한 여성의 신뢰도 함축된 자세이다. 생물학적으로 남성보다 연약하고 수동적인 여성들의 차이가 남성 헤게모니 사회구조로 인해 차별로 바뀌고 돌봄의 대상으로서 여성은 차별적인 대우로 변질되어 남녀차별의 문제를 만들었다. 이러한 시대에 사는 우리에게 이 그림은 남녀관계의 차이를 통해 이루어지는 자연스러운 조화를 설득하고 있는 듯하다. 인간노동과 휴식의 근원적인 개념과 남녀 차이의 가치를 보여 준 이 그림은 그래서 평온하고 안정적이며, 관객을 그림 속 낮잠으로 끌어들이는 매력을 지니고 있다. 너무나 복잡해진 사회구조 속에서 삶의 목적과 존재의 가치에 대한 인식 없이 시간에 얹혀져 마냥 달리고만 있는 우리에게 이 그림은 땅을 일구는 노동과 수확된 것으로 배를 채우고, 힘들면 그냥 누워 쉬는 단순함의 가치를 알려 주고 있다. 이 그림을 그린 1890년, 고흐는 이들이 낮잠을 자듯 다시 깨어날 수 없는 잠을 청하고 영원한 휴식에 들어갔다.

넓은 들판에서 일하는 세 명의 여인을 중심으로 그림의 2/3에 지평선과 1/3 지점에 여인들이 평행으로 배치되어 있어, 평안하고 안정적인 분위기를 주는 그림이다. 끼니를 해결하기 위해 가난한 집 아낙

이삭 줍는 여인들(1857), 장 프랑스아 밀레 (Jean-François Millet), 파리, 오르세 미술관 소장.

네들이 땅에 떨어진 이삭을 줍는 모습이 힘들어 보이지 않는 것은 이 평안한 구도 때문인지도 모르겠다. 식구들의 끼니를 위해 하루 종일 주워 봐야 얼마 되지 않는 이삭 줍기에 여념이 없는 세 명의 여인들을 보면서 여성이 하는 일에 대해 생각의 깊이를 더해 본다. 당시 도시에는 산업혁명으로 공장에서 일하는 임금 노동자가 늘어나기 시작할 때이다. 이 여성들이 도시로 나가 공장에서 일하게 되면 일에 대한 금전적 보상을 받는 사회 노동자가 되겠지만, 식구들을 위해 떨어진 이삭을 줍는 이 일은 노동이라고 생각되기보다는 아낙네들의 집안 살

림 중 하나로 인식될 뿐이다. 전문적인 지식교육이 필요 없이 생활을 통해 자연스럽게 배우게 되는 집안 살림은 성인이 된 여자라면 누구나 할 줄 아는 일상이 된다. 가족의 생계비를 벌기 위해 밖에 나가 일을 한 대가로 돈을 벌어 오는 남성의 일에 비하면 가사 노동은 조직과 규율에 맞추어 하는 일이 아니므로 시간의 구속 없이 자유롭게 할 수 있고 일의 결과에 대한 객관적 평가가 없으므로 스트레스도 없다. 그러므로 여성의 집안일은 일상일 뿐, 노동의 개념으로 생각하지 않아 일에 대한 가치나 보상이 없이 남성이 하는 직업 활동과는 상반되는 평가를 받아 왔다. 여성의 집안일은 노동의 의미보다는 자녀와 가족을 돌보는 가족 사랑이 전제되어 있어서 돈으로 환산이 되는 노동 상품이 아니었다. 여성 스스로도 자신이 하는 일에 대한 금전적 보상보다는 가족들이 느끼는 행복감, 안락함과 같은 가족들의 정서적 안정으로 일의 보람을 느꼈다. 즉, 여성이 하는 가사 역할의 평가는 가족들이 느끼는 행복감으로 결정되고 여성이 갖게 되는 일에 대한 만족감도 이 행복감과 비례했다. 추수가 끝난 들판에서 떨어진 이삭을 줍는 것도 이 이삭으로 만든 식사를 하면서 즐거워할 가족들의 행복을 생각하기 때문에 힘들지 않은 것이다. 그래서 90도로 꺾인 허리가 아픈 줄 모르고 이삭 줍기에 여념이 없다. 밀레가 이 그림을 통해 이야기하고 싶었던 것은 그림 뒤에 산더미같이 쌓인 곡식 더미와 땅에 떨어진 이삭을 줍는 두 개의 대립된 이미지를 통한 사회계층의 불평등이었다. 그러나 멀리 쌓여 있는 곡식 더미에는 관심이 없고 가난에 대한 불만도 없이 그저 가족의 한 끼 식사에 열중하면서 한 톨, 한 톨 이삭을 주워 담고 있는 욕심 없는 그림의 세 아낙네를 보면 이 그림이 주는 메시지는 욕심 없는 마음이 아닌가 생각된다. 가족을 위해 주기만 하는 엄마의 마음, 가난한 이들의 욕심 없는 마음 그리고 뿌린 만큼 열매를 맺어주는 소박하고 정직한 땅, 이것들의 공통점은 보상에 집착하지 않고 주는 그 자체에 만족하는 마음이다. 그래서 이 그림은 지평선과 여인들의 구도와 함께 편안한 느낌을 주는 것 같다. 한편, 이 그림이 주고 있는 또 다른 메시지는 노동의 의미이다. 지주와 소작인의 관계는 불변의 계층구조로 주종관계를 만들었으며 산업혁명 이후 이러한 관계는 자본가와 노동자계급으로 바뀌어 새로운 사회계급을 형성하였다. 대량생산이 가져온 소비의 미덕, 물질에 대한 인간의 욕망은 빈익빈 부익부 현상을 더욱더 두드러지게 만들고 있다. 물질량의 제로섬 원리로 보자면 소수 부유층에 몰려 있는 거대한 자본의 쏠림으로 그 나머지를 대다수의 서민층이 나누어야 하는 자본의 불균형은 빈곤을 확대하고 이러한 사회에서 인간은 자본의 왜곡된 가치에 자신을 옭아매 스스로 자본의 노예가 된다. 세계화는 인류의 소통과 교류에는 긍정적인 영향을 주었지만, 글로벌시장화의 영향으로 약육강식의 정글 법칙이 인간사회까지 침투한 부정적인 결과를 만들기도 했다. 본래 인간은 생활에 필요로 하는 것들을 모두 자연에서 얻어다 사용하게 만들어졌다.

성경의 창세기는 이러한 법칙을 신의 창조 순서로 설명하고 있다. 창조주가 인간을 만들기 전에 인간에게 필요한 빛, 물, 해와 달, 식물과 동물 등을 5일 동안 만들고, 6일째 되는 날 인간을 빚어 만들었다. 즉 인간이 자연을 통해 필요한 것을 갖다 쓰도록 자연을 먼저 마련한 것이다. 이 의미는 인간에게 필요한 것은 자연으로부터 충분히 공급받을 수 있다는 것을 함축하고 있다. 마르크스는 자본론에서 노동의 의미를 인간과 자연 관계를 형성하는 하나의 과정으로 설명하고 있다. 이 근본적인 관계에 과학이 개입이 되면서 더 편리한 사회를 지향하게 하고 인간의 능력과 자기발전이라는 긍정적인 결과를 얻었다. 그러나 인간의 과한 욕구는 소유욕, 과시욕으로 변질되고 욕망으로 변하면서 인간과 자연의 관계가 붕괴되고 이로 인해 갈등과 차별, 주종관계로 예상치 못한 인간의 치부를 드러내게 되었다. 본래 인간의 노동은 자연적이고, 겸허하고, 순종적이다. 그러나 인간 내부의 소유에 대한 욕망이 자연을 훼손하고 인간의 마음조차 황폐하게 만들었다. 이 그림은 넓은 땅을 소유한 지주의 추수가 끝난 이후 땅에 떨어져 있는 몇 알의 이삭으로 생계를 유지해야 하는 가난한 아낙네들의 소박한 마음을 전하고 있지만, 다른 한편으로는 물질적 욕망의 덧없음과 치졸한 땅 싸움의 허망함을 생각하게 하는 묘한 매력이 있다.

다음 페이지의 그림은 이제는 찾아볼 수 없는 옛 여인들이 애용했던 빨래터의 모습이다. 집집마다 수도가 공급되기 이전에 빨랫감을 들고나와 냇가에서 빨래하는 여인들의 자세가 흥미롭다. 인상파 화가답게 화폭의 반은 주변 자연을, 나머지 반은 냇가에 엎드려 빨래에 열중하는 여인들을 배치하여 자연과 인간의 조화를 나타내고 있다. 짙고 연한 녹색의 자연과 더불어 밝은 색상으로 처리한 여인들의 엎드

아를르 강가에서 빨래하는 여인들(1888), 폴 고갱(Paul Gauguin), 뉴욕, 모마 미술관 소장.

린 자세는 노동의 힘듦보다는 여럿이 함께하는 노동의 즐거움을 보여 주고 있다. 또한 자연의 하나가 된 것 같은 빨래하는 아낙네들의 모습에서 인간의 소박함과 순수함도 느껴진다.

여인네들의 가사 노동은 힘들고 고단한 작업이다. 음식을 준비하고, 옷을 만들고, 집안을 장식하는 일들은 작업 후 결과물을 볼 수 있어 일종의 성취감을 느끼게 한다. 하지만 청소나 빨래 같은 가사 노동은 결과물이 눈에 뚜렷하게 나타나지 않으면서 육체적인 힘이 요구되는 작업이기 때문에 창조적인 작업이 주는 즐거움이 없다. 그러나 이러한 힘든 작업을 혼자가 아닌 빨래터라는 공동의 장에서 여럿이 할 경우에는 이웃과 나누는 즐거움이 힘든 노동에 대한 보상을 해 준다. 집

안에서 맴도는 일과는 다르게 냇가에 나가 하는 빨래는 옆에 있는 아낙네와 나누는 이야기에 집중하다 보면 일의 중압감 없이 저절로 일이 끝난 것 같아 일도 하고 재미도 보는 두 배의 즐거움이 있다.

빨래터는 빨래를 하는 장소뿐 아니라 모임 장소의 기능도 톡톡히 한다. 관심사가 같고 하는 일이 같은 동료의식을 기저에 둔 가정주부들은 이 장소에 모여 공통 관심사와 정보를 나누면서 친교와 우정을 돈독히 한다. 그래서 빨래하는 아낙네들의 모습에서 생동감이 느껴지고 다양한 색상으로 그려진 일상복에서는 밝은 비바체의 음악이 연상된다. 빨래하는 사람과 마치고 돌아가는 사람들이 오가는 움직임과 따사로운 햇볕 그리고 냇가의 맑은 물은 역동적인 행복감을 그려내고 있다. 예전의 여성들은 가사 노동에 대한 불만보다는 삶과 밀착된 이 일을 통해 생활의 즐거움과 인생의 가치를 찾았다. 자아에 대한 인식보다는 가족이 우선이었으며, 여성의 존재는 자녀와 남편의 존재에 얹혀졌다. 이처럼 타인을 통해 형성된 자아 정체감으로 가족을 위한 가사 노동은 그 자체가 존재 이유이기도 했다. 그럼에도 불구하고 가족 외에는 다른 사회적 관계가 없었던 여성들은 가정 안에서의 단조로움과 관계의 결핍을 안고 살았다. 이러한 환경에서 빨래는 여성들을 가정 밖으로 이동시켜 주는 수단이었으며 빨래터는 사회적 관계를 만들어 주는 작은 공적 공간의 역할을 충분히 하였다. 가족과의 갈등으로 생긴 속 사정을 꺼내어 놓을 수 있고, 세상의 이야기를 귀로 전해 들을 수 있었으며 남의 사정에 귀 기울일 줄 아는 사회성과 배려를 배우는 장소이기도 했다. 남자는 사회, 여자는 가정이라는 작업공간의 분절에서 여성을 사회라는 공간으로 초대한 곳이 바로 빨래터이다.

집마다 수도가 공급되고 세탁기 사용이 대중화되면서 이러한 여성들의 사회적 공간은 사라져 갔다. 더불어 여성들이 조금씩 집 밖인 사회로 진출하면서 가사 노동시간이 적어졌을 뿐 아니라 전자제품은 여성들을 가사 노동에서 해방시켜 주는 힘을 발휘했다. 이러한 물리적 변화는 심리적 변화를 동반하여 여성의 자아의식은 점차 자기중심적으로 변화되어 갔다. 빨래터에서 얻을 수 있는 지역 공동체의 즐거움은 직업과 취미에 따라 새로운 공동체를 형성하면서 자연 속에 있는 냇가가 아닌 도심 속 카페로 장소가 이전되었다. 사회문화적 측면에서 보면 줄어든 가사 노동 시간을 문화적 소양으로 이용하면서 교양과 사회성이 높아지는 변화를 갖게 되었다. 즉, 가족을 위한 시간에서 벗어나 자신만의 시간표를 만들 줄 아는 독립된 여성으로 일상이 변화된 것이다. 그러나 그런 변화를 과연 발전이라고 할 수 있을까 한번 생각해 본다. 이웃 간에 나누는 노동의 품앗이나 정겹게 같이 나누어 먹던 음식들을 이제는 시장에서 돈을 주고 사게 되었다. 시간의 효율성, 새로운 직업 창출, 경제적 효과 등이 가사 노동의 상업화와 사회화를 대변하고 있지만, 반면 잃어가는 것도 많다. 빨래터의 아낙네들은 사회적 역할도 없고 남성과 동등한 지위를 요구할 수 있는 전문직은 더욱 아니고 세련된 도시의 분위기와는 거리가 먼 이미지이다. 그러나 돈을 주고도 살 수 없는 사람 간의 정겨움이 있고 함께 어울리는 푸근한 인간관계를 갖고 있다. 빨래터 아낙네들의 노동이 그리워지는 것은 일 자체보다는 사람과의 관계, 모성 그 자체로만 존재하는 엄마의 역할에 대한 향수, 투박함 속에 진실성, 단순함 속에 들어 있는 인간미의 그리움일 것이다. 이러한 그리움은 문명의 발전이 가져온 복잡함, 기계적 차가움, 짜여진 시간의 냉정함으로 인해 잃어가는 인간의 순수성에 대한 그리움이 아닌가 싶다.

우유 따르는 여인(1658), 요하네스 베르메르 (Johannes Vermeer), 암스테르담, 국립 박물관 소장.

빵을 굽는 여인(1854), 쟝 프랑수와 밀레(Jean-François Millet), 네덜란드, 오텔로, 크뢸러 뮐러 미술관 소장.

중세 이후 르네상스를 지나면서 많은 화가들은 일상에서 발견되는 소시민들의 삶을 그림의 주제로 삼았다. 특히 18세기 이후에는 여성들의 가사 노동과 일상을 그린 그림들이 많이 등장한다. 이 두 그림은 집 안에서 여성들이 흔히 하는 가족들의 식사 준비과정이다. 지금처럼 시장에 나가면 모든 것을 다 구입할 수 있었던 시대가 아니라 모든 음식을 직접 집에서 만들어야 했다. 소에서 짠 우유를 끓이고, 빵을 직접 굽는 일은 한 시간 만에 끝나는 조리과정도 아니고 앉아서 손만 움직여서 되는 것도 아닌 온몸을 사용해야 하는 육체적 노동이다. 가사 노동을 연약한 여성들의 단순한 손작업으로만 생각했던 남성 화가들은 여성들의 집안일이 몸의 모든 근육을 사용하는 육체 노동임을 알아차리고 빵 굽는 여인의 역동적 동작과 우유를 따르고 있는 여인의 팔 근육을 통해 가사 노동이 힘든 작업이라는 것을 알려 주고 있다. 그러나 그림에서 보이는 단편적인 역동성보다 더 힘든 것은 가사 노동이 단시간에 끝나는 작업이 아니라 하루 종일 반복되고 지속되는 일이라는 것이다. 집을 짓고 물건을 만드는 작업은 일회성으로 마치는 작업일 뿐 아니라 그 성과물을 늘 곁에 두고 볼 수 있다. 그러나 여성들이 하는 일의 결과물은 가족들이 식단에서 다 소비되기 때문에 일의 흔적을 찾아볼 수 없을 뿐 아니라 매일매일 같은 작업을 반복적으로 해야 한다. 그림 속 여성들의 표정은 즐겁지도 슬프지도 그렇다고 힘들지도 않은 감정이 전혀 없는 표정이다. 일상의 반복에서 오는 지루함 때문인지 아니면 너무 일에 열중하여 감정의 표출이 멈춰져 있는 것인지는 모르겠지만 이러한 하얀 백지 같은 감정의 공백을 통해 우리는 가사 노동은 설레는 기쁨도, 아픈 괴로움도 없이 하기 싫다고 그만둘 수도 없는 반복되는 삶이라는 것을 보여 주고 있다. 그러나 여성들은 가족을 위한 일이라는 것, 그 명분 하나로 이 일을 수용한다. 이 그림은 가치평가가 없었던 가사 노동의 진솔한 가치를 보여 주어 훈훈한 느낌을 줄 뿐 아니라 어린 시절 우리 곁에서 늘 무언가를 하고 있던 우리 엄마들을 그렇게 한다. 여성들의 가사 노동이 남성들의 관심 대상이 아니었음에도 남성 화가들의 이러한 그림 덕분에 가사 노동에 대한 가치평가가 이루어진 것이 아닌가 하는 생각이 든다. 그러나 모성 역할을 강조한 전략과 같이 가사 역할을 강조함으로써 여성 역할을 가정으로 제한시키려는 남성들의 우월적 심리와 전략일 가능성도 배제할 수 없다. 왜냐하면 역할의 이분법적 분리는 성적 차별을 정당화하고 남성 지배적 사회를 견고히 하는 견제 수단으로 사용되어 왔기 때문이다.

2/
여성의 직업

아를르 지방의 의상 공방(1760), 앙투안 라스팔(Antoine-Raspal), 아를, 레아뛰 박물관 소장.

루이 15세 시대, 프랑스 남부 아를 지방 여인들의 의복은 이 지방만의 독특한 스타일을 자랑하면서 20세기 초까지 그 명성을 유지했다. 옷감의 재질은 물론 형태, 색감의 선별과정과 세심하게 공이 들어가는 작업으로 완성된 의복은 당시 여성들의 유행을 주도했다. 이 그림은 1760년경에 이러한 의복을 만들던 아를 지방의 한 공방을 그린 것이다. 전형적인 도제 형식으로 이루어진 이 공방에서는 왼쪽에 앉아 작업 과정을 지휘하는 선생을 중심으로 여러 가지 과정의 수작업을 하는 도제들이 일에 열중하고 있다. 오늘날 기술학교와 같은 기능을 가진 교육기관이기도 한 이 공방은 여성들의 제도적 교육이 보편화되어 있지 않은 환경에서 기술을 익혀 직업을 갖고자 하는 어린 여성들에게 기술교육을 제공한 곳이다. 또한 기술 장인이 많은 주문을 혼자 해내기 어려워 수작업을 도울 노동자를 고용하여 완성된 물건의 상거래가 이루어지는 가내 수공업 형태의 작업장이기도 하다. 주문을 받아 완성되어 벽에 걸린 옷들과 함께 바닥에 굴러다니는 실패들 그리고 작은 작업장의 규모는 전형적인 가내수공업장을 보여 주고 있다. 또한 서너 명의 수습생들이 작은 테이블에 옹기종기 모여 앉아 직접 작업을 하는 스승의 기술을 눈으로 익히면서 일을 배우고 있는 도제 교육 환경도 보여 주고 있다.

도제 교육은 가정에서 어른들로부터 생활에 필요한 일을 배우는 형태로 이루어졌기 때문에 솜씨가 좋은 어른의 일을 도우면서 어깨너머로 기술을 배우는 생활기술교육이라고 할 수 있다. 그러나 이렇게 소규모로 이루어지는 기능 교육이라도 천민들은 도제로 들어가지 못하여 당시 여성 교육이 얼마나 제한적으로 이루어졌는지 짐작할 수 있다. 이렇게 시작된 여성들의 도제 교육은 이후 산업노동자를 양산하는데 주요한 역할을 하게 된다. 수작업 대신 재봉틀과 방직기계가 들어와 대량 생산을 하게 되지만, 공정 과정의 작업은 이들의 기술을 기반으로 이루어졌다. 그러나 공장산업이 전수되지 못한 것 중 하나는 이 공간에서 이루어진 인간관계이다. 도제형식의 공방은 돈보다는 스승과 제자의 관계로 이어지는 인간관계 중심으로 직업교육이 이루어진 곳이지만, 오늘날 자본이 중심이 되는 대형공장 노동자들은 작업의 효율성이 강조되는 작업장 분위기로 인간 중심보다는 경제 중심으로 인간관계가 형성되고 있다.

이 그림은 산업혁명이 일어나기 전 여성의 교육과 노동이 결합된 공방을 보여 주고 있지만, 한편으로는 여성 역할의 변화를 예고하는 함축된 의미를 갖고 있다. 18세기 여성들의 기술교육은 생계와 전문적 지식습득의 목적뿐 아니라 여성의 능력을 개발한 의미에서 그 가치가 더 크다고 할 수 있다. 공방에서 시작된 여성들의 능력개발은 제도적 교육이 시작되면서 전문성 발전에 불씨 역할을 했다. 여성의 지위와 역할 변화는 여러 가지 사회 변화에 맞물려 발전되어 왔지만, 여성들 가슴속에 지적 욕구에 대한 관심과 작은 시작이 없었다면 여성의 역할과 지위는 사회 변화에 무관하게 가정에만 머물러 있었을 것이다. 오늘날은 이러한 공방 형태의 작업장이 없어지고 대량으로 생산되고 있지만, 생활용품 공정의 전통방식들은 무형문화재로 그 가치가 재평가되고 있다. 아를 여인들의 의상 역시 유네스코 세계문화유산으로 등재되는 심사과정에 있다고 한다. 사회적 역할이 전무했던 전통사회 여성들의 생활 작업 능력이 문화적 유산을 만들어 내는데 주요한 역할을 한 것은 조용하지만, 늘 강한 영향력을 주는 여성들이 지닌 내적 능력 덕분이다.

다림질하는 여성들(1884~1886), 에드가 드가(Edgar-Degas), 파리, 오르세 미술관 소장.

에드가 드가를 생각하면 바로 연상되는 것이 발레리나들의 연습 장면이나 공연장의 그림들이다. 발레리나 춤의 동작에서 드가가 포착한 것은 신체의 아름다움뿐 아니라 역동성이다. 드가는 이러한 역동적인 신체 모습을 평범한 파리 여성의 일상에서도 발견하여 이를 화폭에 옮겼다. 드가는 가정주부의 일상보다는 집안일을 직업으로 하는 여인들에 주목했다. 그가 그린 많은 그림 중에 이 그림은 19세기 파리에 등장한 세탁소의 풍경을 그린 것으로, 그의 발레리나 그림 만큼이나 대중에게 널리 알려졌다. 19세기 중반은 여성들의 가사 노동이 상업화와 사회화가 시작되는 시기로 초기 여성 직업 활동의 특징을 잘 보여 주고 있다. 가정에서만 일을 하던 여성들이 사회에 나와 직업 활동을 하게 된 것은 그리 오래전 일이 아니다. 생계를 위해 돈을 벌어야 하는 여성들은 특별한 전문적인 직업 능력이 없었기 때문에 이들은 자신들이 쉽게 할 수 있는 집안일과 유사한 노동을 선택하게 된다. 음식 만들기, 바느질, 아이 돌보기, 그리고 세탁일 등은 예전에는 돈으로 사고팔 수 있게 되리라고는 상상도 못 했다. 하지만 사회가 세분화되면서 가사 노동도 상품으로 시장에서 거래가 이루어지기 시작하여 새로운 직업으로 등장한 셈이다.

다림질을 하는 두 여인은 이렇게 상품화된 가사 노동을 직업으로 하고 있는데 두 여성의 자세가 사뭇 대조적이다. 한 여인은 온몸의 무게를 사용하여 다림질을 하고 있고 다른 한 여인은 포도주병을 잡고 길게 하품을 하고 있다. 그러나 이 두 여인은 사실 한 사람의 활동을 두 개 동작으로 설명하고 있다. 얼마간 시간이 지나면 이 두 여인의 포즈가 바뀌어 다림질을 하던 여성은 기지개를 켜고 포도주잔을 기울이게 되고 하품을 하던 여인은 다시 다리미를 잡게 될 것이다. 드가는 발레리나 동작에서 포착한 몸의 움직임을 이 두 여성이 전념하고 있는 작업 자세에서도 놓치지 않았다. 신체 하중을 사용하여 두 손을 모아 힘껏 누르는 팔의 힘과 걷어 올린 팔 근육 그리고 한껏 기지개를 켤 때 나타나는 동작과 하품할 때 팽창된 얼굴 근육 등이 노동에 필요한 신체적 움직임을 보여 주고 있어 육체 노동의 고단함을 관객들에게 전하고 있다.

그러나 이러한 생생한 몸짓을 명확하게 잘 표현하고 있음에도 불구하고 드가는 늘 자기 그림의 가치는 눈으로 보여지는 것 보다는 마음의 눈을 통해 그림 속 장면이 지닌 본질적인 가치를 생각하게 하는 것이라고 역설해 왔다. 그렇다면 드가가 원하는 이 그림의 내적 가치와 일치할지는 모르지만, 그가 강조하는 마음의 눈을 사용하여 두 여성이 하는 노동에 대해 생각해 보고자 한다. 가사 노동과 사회 노동의 차이는 일이 지닌 형태보다는 일이 진행되는 시간에서 비롯된다. 가족을 위한 다림질은 10분에서 30분 정도면 충분하지만, 직업일 경우에는 하루 종일 계속해야 하기 때문에 시간의 변수가 집안일과 직업을 구분한다. 19세기 가사 노동 직업화의 특징은 전문적인 직업 능력이 필요한 것이 아니라 하루 종일 해야 하는 노동량을 의미한다. 양적 작업과 함께 하루 종일 고개를 떨구고 계속되는 일의 반복성은 노동의 물리적 압박과 심리적 압박을 동시에 보여 주고 있다. 그래서 이를 극복하기 위해 마시는 한 잔의 포도주는 일상의 쉼표와도 같고 잠시 몸과 마음을 내려놓을 수 있는 활력소가 된다.

가사 노동이 상품화되면서 노동을 파는 여성들은 대가로 돈을 벌지만 힘든 노동의 대가에 적합한 화폐적 보상이 이루어진 것은 아니었

그림에서 여성을 읽다

다. 이는 노동 형태가 여성이라면 누구나 할 수 있는 일이었을 뿐 아니라 인력 공급이 늘 수요보다 많았으며 가사 노동에 대한 평가가 낮았기 때문이다. 그럼에도 불구하고 수입이 필요했던 여성들은 불평을 토로하지 않았다. 그 이유는 전문성이 미흡했던 직업 활동 초기라 직업 의식이나 노동권 의식이 없기도 했지만, 이보다는 그동안 가사 노동에서 받아보지 못했던 일에 대한 화폐적 보상이 이루어진 것만으로도 충분히 만족할 수 있었기 때문이다. 또한 초기 직업 여성들의 의식 속에는 직업 활동은 사회에서 이루어지는 활동이라 해도 이는 가족을 위한 또 다른 가사 노동으로 인지하고 있어 힘들다기보다는 당연한 의무인 양 전적으로 수용했다. 그러므로 드가가 강조하는 마음으로 본 이 그림의 가치는 크게 두 가지로 설명할 수 있다. 하나는 가사 노동의 사회화에 대한 가치이고, 또 다른 하나는 반복성과 시간성이 극대화된 근로조건에 매어 사는 프롤레타리아 노동자 삶의 가치이다. 이 그림은 여성들의 사회진출과 가사 노동의 상업화를 예고하고 있다. 역할 변화는 하루아침에 급변하는 것이 아니라 아주 작은 변화로 시작되기 때문에 세탁소의 다림질 일이 오늘날 다양한 여성 직업에 초석이 될 줄은 아마도 상상도 못 했을 것이다.

여성들의 초기 노동이 가사 노동과 같은 형태만으로 존재한 것은 물론 아니다. 19세기 말 앙리 드 툴루즈 로트레크는 파리 물랑루즈 주변에서 일하는 여성 직업 무용수들을 모델로 많은 그림을 그렸다. 잘 알려진 바와 같이 로트레크는 작은 키와 못생긴 외모에 대한 열등감을 안고 자신처럼 사회 주류에 들지 못하는 주변 계층에 관심이 많았다. 주로 유흥가 여성들과 친밀한 관계를 유지하면서 그늘을 주제로 한 그림을 많이 그렸는데, 그중에서도 무용수인 잔 아브릴을 모델로 한 그림이 많았다.

물랑루즈에서 나오는 잔 아브릴(1892), 앙리 드 툴루즈 로트레크(Henri de Toulouse-Lautrec), 코넷티컷, 워즈워스 아테네움 아트 미술관 소장.

잔 아브릴(1899), 앙리 드 툴루즈 로트레크(Henri de Toulouse-Lautrec), 워싱턴, 국립 예술 갤러리 소장.

잔 아브릴(1893), 앙리 드 툴루즈 로트레크(Henri de Toulouse-Lautrec), 뉴욕, 메트로폴리탄 미술관 소장.

캉캉 춤을 추는 장면이나 뱀을 감고 열정적인 춤을 추는 잔의 동작을 격렬하게 그렸는데, 실제로도 잔의 춤은 상당히 격정적이었다고 한다.

다리를 들어 올리는 캉캉 춤에서부터 선정적인 몸짓에 이르기까지 인간의 성적 욕망을 드러내고 그것을 몸으로 표현하는 물랑루즈의 댄서들은 당시 예술가로 평가받기보다는 남성들의 성적 취향을 위한 도구에 지나지 않았다. 유흥문화의 중심이라고 할 수 있는 물랑루즈의 화려한 무대에서 춤을 추는 무용수들은 대부분 생계를 유지하기 위한 직업 노동자였다.

그림 중 하나는 이러한 일을 마치고 물랑루즈를 나와 집으로 돌아가는 잔의 퇴근길 모습으로 화려한 무대에서 격정적인 춤을 출 때의 모습과는 전혀 다른 분위기다. 로트레크는 무대에서 모든 사람들의 시선을 받았던 잔의 퇴근길을 지나가는 사람들과 반대방향으로 등을 돌리고 혼자 걸어가는 모습으로 화폭 정중앙에 배치하여 화려한 직업에 가려진 잔의 인간적 고독감을 강조하였다. 진한 화장과 과장된 표현, 화려한 의상과 드러낸 몸매와 같은 무대 분위기와는 전혀 다른 어두운색 코트와 몸을 다 덮는 긴치마를 입은 검소한 차림 그리고 단정하게 하나로 묶어 올린 머리 모양에 이르기까지 춤을 추는 장면과는 전혀 다르고 다소 무거워 보이기까지 한다.

잔을 사랑했던 로트레크는 일을 마치고 돌아가는 잔의 이 모습에 상당한 연민을 느꼈으리라 충분히 상상이 간다. 로트레크가 사랑했던 잔의 모습은 춤추는 잔도, 표정이 없는 퇴근하는 잔도 아닌 이 양면성 안에 숨어 있는 잔의 진실성이었다. 잔은 다림질을 하는 여성들이 하루 종일 다림질을 해야 하는 것처럼 무용수라는 직업적 의무감으로 춤을 추었다. 춤이라는 것이 원래는 여가와 여흥으로 스트레스를 풀고 즐거움을 갖는 것이 목적이지만, 직업일 경우에는 자신의 기분에 따라 선택해서 할 수 있는 것이 아니고 돈을 지불하는 사람의 요청에 따라 움직여야 하기 때문에 노동이 된다. 이 직업은 상품 구매자의 감정과 직접적으로 연결이 되어 있다. 구매자의 스트레스를 풀어 주기 위해 무대를 통해 보여 주는 작업으로, 육체 노동자인 동시에 감정 노동자로 두 배의 육체적 감성적 에너지가 요구되고 더 깊은 스트레스를 받게 된다. 실제로 잔은 정기적으로 정신과 치료를 받았다고 한다. 춤, 음악, 미술을 하는 예술가들은 인간의 고뇌와 감정을 표현하는 작업을 하기 때문에 오늘날에는 그들의 정신적 작업에 대한 예술적 평가가 이루어지고 있지만, 당시는 그녀의 재능이 예술가 수준을 넘어선다 해도 당시 클럽 무용수를 보는 사회적 편견으로만 판단되었다. 그러나 로트레크의 눈에는 이들의 진솔한 인간적인 애환이 보였으며 이로 인한 강한 연민으로 인간의 운명, 굴레와 같은 근원적인 문제를 생각하게 된 것이다. 자신이 장애로 인해 체험했던 여러 가지 사회적인 편견과 이를 극복하지 못하는 주변 계층 삶의 고뇌를 잔 아브릴을 통해 나타내고 있다.

　지탱하고 때론 버텨내야 하는 삶의 무게를 잔은 짙은 화장, 현란한 춤, 과장된 웃음 속에 들어 있는 파토스를 통해 깃털과 같은 존재의 가벼움으로 바꾸고 있는 듯하다. 그러나 관객을 위해 연출된 모습에서 벗어나는 퇴근 시간만큼은 본연의 모습으로 돌아온다. 무대 안과 밖의 경계에서 무대가 지니고 있는 의미는 자신과는 무관한 객관화된 자아 그리고 내 의지와는 다르게 요구되는 나와 분리된 자아가 존재하는 곳이다. 그러나 무대 밖은 이러한 자아를 벗어 버리고 진정한 내가 존재하는 곳을 의미한다. 이것은 두 개의 얼굴이 아니라 두 개의 다른 역할이며, 한편으로는 제2의 자아를 만드는 직업이 가진 속성이기도 하다. 잔 아브릴과 같은 화려한 무대가 아니더라도 직장이라는 조직사회는 가정과는 전혀 다른 시스템으로 인간의 생활패턴을 분리한다. 흔히들 좋아하는 일을 직업으로 갖는 것이 가장 행복한 삶이라고 들 하는데 이는 노동과 일상의 분리에서 오는 이중적 생활의 어려움 때문에 놓치는 행복이 있기 때문이다. 그러나 치열한 경쟁사회에서 생활을 유지하기 위해 돈을 버는 일은 대부분 자기가 좋아하는 일을 선택하기보다는 사회가 제공하는 직업을 택할 수밖에 없다. 더욱이 요즘처럼 취업이 인생의 큰 목적이 되는 사회에서는 선택하기보다는 선택되는 것만으로도 만족해야 하는 상황으로 자신이 좋아하는 일을 직업으로 갖는다는 것은 현실적으로 쉬운 일이 아니다.

생계를 위한 수단으로 사회에 나가 일을 하게 된 여성들은 더욱더 노동과 일상이 분리되어 있다. 특히 집안일을 겸해야 하는 여성들에게 사회 노동은 즐거움보다는 살기 위해 해야 하는 의무감이 더 크기 때문에 더욱 힘이 든다. 오늘도 잔 아브릴과 같이 노동과 일상이 분리되어 피곤한 몸으로 퇴근하는 많은 여성 근로자들이 있다. '피할 수 없으면 즐겨라!'라는 말은 힘든 일을 할 때 위로하기 위해 자주 인용되는 말이지만, 이 말은 머리로 이해하는 것만큼 실천이 쉽게 되지는 않는다. 즐기는 방법이 중요하지만 하루 종일 작업 라인에 앉아 기계처럼 돌아가는 노동자와 저녁 내내 매일 몇 시간씩 춤을 추는 무용수가 자신의 일을 즐기기란 쉽지 않다. 그러나 사고의 각도를 조금만 돌려 노동을 하는 작업장에서 새로운 기쁨과 즐거움을 만든다면 일을 즐기지는 못하지만 다른 즐거움으로 힘든 작업을 견딜 수 있다. 그중 하나가 작업장에서의 인간관계이다. 작업장에서 동료애에 노력을 기울이면 노동의 무게가 다소 가벼워진다. 이러한 관계를 생각하니 많은 관객의 시선이 집중된 무대 위에서 관객과의 교류 없이 춤추는 인형처럼 혼자 춤을 추는 잔 아브릴은 그 누구보다도 더 고독했을 것이다. 잔의 고독이 인간이 짊어져야 하는 원초적인 고독보다는 관계의 결핍에서 오는 고독임을 이미 자신의 경험을 통해 알고 있는 로트레크는 퇴근하는 잔 아브릴의 고독감을 누구보다도 더 크게 공감할 수 있었다. 당시 로트레크의 눈에 비친 잔 아브릴은 무용수로서 성적 매력을 가진 여성이기보다는 삶의 무게를 불평 없이 꿋꿋하게 짊어지고 가는 삶을 수용할 줄 아는 성실한 인간이었다. 그래서 무용수와는 전혀 다른 이미지를 가진 한 평범한 근로 여성으로 퇴근하는 잔을 그린 그림에서 로트레크가 품고 있는 연민의 정이 느껴진다.

3/
산업 노동자

산업 노동자들의 귀가(1905),
테오필 알렉상드르 스타인렌(Théophile
Alexandre Steinlen), 파리, 생드니 예술·역
사 박물관 소장.

산업사회 초기 도시 근로 여
성들을 그린 이 그림은 앞서
감상한 그림과는 사뭇 대조
적이다. 제목에서 알 수 있듯
이 이 그림은 하루 일을 마치
고 집으로 돌아가는 여성 노동
자들의 귀가 장면을 그린 것이
다. 산업혁명이 가져온 사회 변
화는 매우 다양하다. 생산방식
변화에서부터 노동 형태에 이
르기까지 노동의 구조적인 변
화는 생활패턴에도 변화를 가져왔다. 9시 출근, 5시 퇴근인 하루 8시
간의 효율적이고 압축적인 근로 형태는 인간의 생활리듬을 새롭게 만
들었을 뿐 아니라 정신적 사고에까지 영향을 주었다. 정해진 시간을

지켜야 하는 대규모 산업 노동자들은 시간의 효율적인 삶을 사는 장점도 있었지만, 반면 기업이 정한 시간에 맞추어야 했기 때문에 마치 생산라인의 부속품과 같이 인간적인 면을 조금씩 잃어 갔다. 산업사회 초기 여성 노동은 야누스 얼굴과 같이 두 개의 상반된 긍정과 부정의 이미지를 갖고 여성 사회활동의 견인차 역할을 했다.

긍정적인 측면의 주요한 변화들은 여러 가지 여성 내부와 외부의 환경 변화를 동반했다. 그중 하나는 사회활동을 통해 획득한 사회적 지위이다. 비롯 남녀 임금의 차별이 존재하고 고숙련 전문직업무가 아니어도 사회적 지위를 갖게 된 것은 여성 정체성의 근본을 바꾼 중요한 계기가 되었다. 예컨대 가정에만 있던 여성들은 늘 가족과 연결되어 누구의 엄마, 누구의 부인과 같은 가족 소속으로만 정체성을 가져 왔으나 사회적 역할을 수행하면서부터는 자신의 이름을 세상에 내놓고 독립적인 지위를 갖게 된 것이다. 단순노동을 하는 것에 대한 너무 과도한 해석이라고 할 수 있겠지만, 이 작은 변화는 종속적이었던 여성을 주체적인 여성으로 바꾸는 단초가 된 것이다. 주체적인 삶은 새로운 것에 대한 도전과 자기를 훈련하고 능력을 높이려는 자기 계발 욕구를 촉진하여 이후 여성들의 교육과 사회진출은 지속적인 발전을 해 왔다. 둘은 노동의 화폐적 대가가 없었던 가사 노동과는 다르게 일에 대한 금전적 보상을 받음으로써 남성만의 영역이었던 임금 노동자가 되어 남성과의 수평적 관계를 갖게 되는 계기를 마련한 것이다. 이 관계는 직장은 물론 부부간의 지위관계에도 영향을 주었다. 셋은 혼자서 해왔던 집안일과는 다르게 함께 하는 직업 활동에 참가함으로써 사회적 관계의 문을 연 것이다. 친족과 공동체 연대에 주요한 역할을 담당했던 여성들의 관계가 사회적 관계로 확대된 것은 역할의 사회적 확대만큼이나 중요한 의미를 지닌다.

반면 긍정적인 영향 못지않게 부정적인 면도 존재했다. 그림처럼 공장에서 일하는 여성들의 삶은 피곤하고 우울하고 힘에 겨웠다. 그 주요한 이유 중 하나는 가정 역할과 사회 역할을 동시에 해야 하는 이중 역할 때문이다. 이러한 이중 역할은 야누스의 닫혀지는 문과 같이 부정적으로 여성 임금 노동자를 힘들게 했다. 여성들은 일터에서 귀가하자마자 남편과 아이들을 위해 저녁을 준비해야 하기 때문에 고단하고 피곤한 몸과 마음을 쉴 시간도 없이 다시 가정이라는 작업장으로 이동하여 저녁 근무를 하는 것처럼 또 다른 임무를 수행해야 했다. 자녀 양육과 가정 역할에 대한 사회적 지원 없이 남자와 동등하게 일을 해야 하는 여성들은 이중 역할의 가치관을 확고하게 지니고 있지 않으면 무거운 다중 역할과 책임으로 스스로 정체성의 딜레마에 빠지기 쉽다. 여성들은 이러한 혼돈 속에서 자신을 위로해 왔지만, 이 갈등이 오늘날까지 이어지는 것을 보면 여성의 노동환경은 크게 변화되지 않았음을 알 수 있다. 그러나 이보다 더 주요한 요인은 가정과 사회에 존재하는 남성지배 헤게모니다. 그림의 회색빛 우울감은 이러한 여성내부의 갈등을 표현하고 있는 듯하다. 그러나 검은 구름 사이로 비치는 석양의 햇빛은 그래도 살 만한 희망을 의미하고 있다. 노동을 마치고 돌아가는 귀갓길은 또 다른 가정주부의 작업장으로 들어가는 길이기는 하지만 그래도 지친 몸과 마음을 쉴 수 있는 가정이라는 공간과 가족과 함께할 행복한 시간이 있어서 서둘러진다. 이러한 행복이 있기에 여성들은 힘이 들어도 다중적 역할에 슈퍼우먼임으로 자청하고 있는지도 모른다. 이처럼 가정은 가난한 노동자들이 힘든 세상을 살아갈 힘이 되는 진정한 행복의 근원지이다. 화가는 여성의 차별적 노동조건에 주시하고 이를 사회적 고발정신으로 그렸을지도 모르지만 '귀가'라는 제목을 보면 노동이 끝난 후 서둘러 가고 싶은 가정의 존재를 부각시키고 싶은 의지도 있지 않았나 생각해 본다.

여성들은 사회에서 남성과 함께 일을 하게 되었지만, 가정에서와 마찬가지로 노동시장 역시 남녀 위계질서는 여전히 강하게 존재하였다. 여성들이 경험하고 학습하는

르 크뢰조의 노동파업(1899), 쥘 아들러(Jules Adler), 크뢰조, 크뢰조·몽소 공동체 경제박물관 소장.

사회생활은 남녀평등보다는 남녀차별, 불평등한 노동조건, 그리고 여전히 가정 역할의 우선순위 등 남녀 불평등 구조 속에서 이루어졌다. 이러한 환경에서 여성들이 사회를 객관적으로 관찰하고 자신의 권리에 대한 인식을 갖는 것은 쉬운 일이 아니다. 인식의 변화는 학습과 교육을 통해 이루어지지만, 이러한 것들이 이루어지는 사회는 여전히 성차별적 구조로 전통적 행동규범을 제시하고 이를 답습하도록 유도하고 있었기 때문이다. 그러나 오랜 시간 남성들과 함께 일을 하는 여

성들은 조금씩 남성들의 의견과 이들의 행동 그리고 진보적 성향이 있는 사람들을 통해 새로운 사회적 의식을 깨닫게 된다. 인간을 사회적 동물이라고 하는 것은 사회적 관계 형성을 의미하기도 하지만, 사회라는 장의 영향을 받고 형성되는 행동의식의 변화성을 의미하기도 한다. 이 그림은 19세기 프랑스 중부에 있는 르 크뢰조에서 있었던 노동자들의 파업을 그린 것이다. 이곳은 19세기 중반부터 철강산업이 발달하여 다른 도시에 비해 일찍 공장이 들어섰다. 자본주의의 딜레마는 노동자 계급과 부르주아 계급이 분리되면서 시작되었다고 해도 과언이 아닌 것은 두 계층 간 갈등이 오늘날까지 이어져 오고 있기 때문이다. 이 그림은 노동자 계급 출현이 있은 지 얼마 되지 않은 시기에 이미 자본가와 노동자의 갈등이 시작된 상황에서 노동조건 개선을 외치는 노동자의 결속된 힘을 그리고 있다. 이러한 노동자들의 외침을 권력에 대한 저항이라고 표현할 수 있는 것은 이들의 요구는 협상, 타협과 같은 상호적 관계에서 해결되지 않았기 때문이다. 이들의 얼굴은 하나같이 피곤하고 지쳐 있으며 희망이 없는 표정이다. 산업발전의 공신은 자본가도 아니고 국가도 아니다. 이들의 일손이 없었다면 경제발전의 성과는 없었을 것이다. 단지 이들은 권력과 자본이 없었기 때문에 육체적인 노동을 사회에 투자한 것이다. 희망이 보이지 않는 얼굴은 개인의 노력이 그 가치를 발휘하지 못하다는 것을 뜻하며 거대한 권력 앞에 속수무책을 의미한다. 그럼에도 불구하고 한번 힘을 뭉쳐보자는 이들의 저항적 몸짓은 늘 일회성 사건으로만 끝이 나게 마련이다. 대항구조에서 수가 많다는 것은 유리한 조건이 되지만, 공급과 수요관계에서 공급의 과잉은 늘 열세가 된다. 이 점은 수요를 결정하는 자본가들에게는 너무나 유리한 조건이 되기 때문에 공급자인 노동자는 늘 자본가의 결정에 복종할 수밖에 없다. 그럼에도 불구하고 사회정의나 평등이라는 도덕적 이념을 근거로 권리를 주장해 보지만, 현실은 가진 자의 승리로 끝나는 역사를 이어져 내려오고 있다.

이 그림에서 흥미로운 점은 노동시장에 들어선 지 얼마 되지 않은 여성이 선두에 서 있는 모습이다. 남성 동료들의 파업동참 권유에 찬성하는 정도라 생각할 수 있었던 산업사회 초기 여성 근로자가 보여준 반전의 모습으로, 이 사건이 있기 전까지만 해도 상상도 못 할 일이었다. 그러므로 이 그림의 가치는 노동자의 파업과 함께 여성 권리주장의 신호탄적인 상징성을 갖고 있다. 사회문제에 대한 인식은 자기 문제로부터 출발한다. 평등은 아니더라도 형평성에 맞는 공평한 대가, 노동에 대한 적절한 보상, 정당한 이윤 분배가 이루어지지 않고 있음을 느낀 노동자들의 개인적인 문제에서 출발한 것이다. 또한 이는 좀더 확장된 사회적 차별에 대한 항의이기도 하다. 가정에서 자녀들 돌보고 가사 일에만 전념하던 여성들이 사회적 인식을 가질 수 있었던 것은 이와 같은 사회 노동을 통해서였다. 그림은 불평등이라는 거대한 힘에 저항하는 데는 동료애, 연대, 그리고 결속된 힘이 중요할 뿐이지, 남녀 성별의 차이는 존재하지 않는다는 것을 보여주고 있다. 그래서 깃발은 들고 맨앞에서 전진하는 노동자는 남성이 아닌 여성을 내세웠다.

V
현대 여성

1/
슈퍼우먼

we can do it!(1943),
하워드 밀러(J. Howard Miller)

현대에 들어오면서 여성의 이미지는 다양한 방법으로 표현되고 있다. 특히 1945년 이후 등장한 팝 아트는 평범한 일상을 주제로 대중들의 삶을 이미지화하여 클래식 미술과는 다르게 예술성보다는 시대적 메시지를 담고 있다. 이러한 메시지에는 현대 자본주의의 물질성을 폭로하는 사회적 비판의식과 대중들의 소비문화를 선도하는 아이러니한 양면성을 갖고 있다. 또한 남녀 불평등과 여성차별에 대한 사회적 고발의 의미로도 사용되고 있는 팝 아트는 대중들의 감정과 생활양식을 사실적으로 표현하고 있어, 상품 광고와 같은 강력한 흡인력으로 대중의 관심을 끌고 있다. 그림은

1950년부터 시작된 팝 아트의 대표적인 그림으로 팝 아트가 유행되기 전인 1943년 2차 세계대전 당시 하워드 밀러가 그린 작품으로 이전까지의 연약한 여성 이미지와는 다른 강인하고 활동적인 여성 이미지를 보여 주고 있다. 우선 걷어 올린 팔 근육은 보디빌더들의 탄탄한 삼두박근과 같이 육체적 활동을 위한 최적의 신체조건을 자랑한다. 더불어 머리를 올리고 단단하게 묶은 헤어 스카프는 긴 머리카락의 섹시함과 여자다움을 모두 배제하고 언제든지 육체를 쓰는 산업현장이나 작업장으로 달려갈 준비가 되어 있음을 알리고 있다. 그러나 이러한 이미지로도 부족하다 싶어 그림 맨 위에 흑백의 강한 대비색을 이용하여 강조한 '우리는 할 수 있다!'라는 슬로건으로 다른 해석을 용납하지 않고 단 하나뿐인 메시지의 존재감을 강조하고 있다.

1943년 당시, 전쟁에 나간 남성들의 일자리를 대신하고 있는 여성 공장 노동자에 대한 홍보와 선전을 목적으로 그린 그림이라 예술성보다는 포스터 기능이 강한 그림이다. 즉, 공장에서 일을 하는 여성 노동자의 의지라기보다는 생산성을 높이려는 남성 경영자의 인력 활용 전략이었다. 신체적으로 남성보다 약한 여성들에게 노동 동기를 부여하고자 여성들의 의식 속에 '나는 할 수 있다!'라는 자율적 동기를 주입함으로써 여성들 스스로가 적극적인 참여를 할 수 있도록 유도했다. 일종의 자기최면을 걸어 무한 능력의 의지를 부여한 것이다. 그러나 이 그림이 대중적으로 많이 알려진 것은 1980년 이후이다. 80년대 일어난 여성운동에 앞장선 여성운동가와 페미니스트들은 그동안 과소평가해 온 여성의 능력에 대한 일종의 항변과도 같이 강한 여성 이미지를 강조하기 위해 이 포스터를 이용하였다. 남성의 팔 근육과 같은 여성들의 신체적 능력과 할 수 있다는 의지를 보여주는 굳게 다문 입이 주는 전체적 이미지는 연약하고 수줍은 전통사회 여성 이미지보다는 결사의 의지와 남성과 동등한 여성의 능력을 강조하고 있다. '우리는 할 수 있어.', '남자처럼 할 수 있어.'라는 경쟁대상에 대한 선전포고와 같은 자기 암시적 메시지를 사회와 남성에게 던지고 있다. 남성들의 여성인력 활용 전략으로 만들어진 슬로건에 대한 여성들의 과한 찬성이 아닌가 하는 생각도 든다.

그러나 이러한 슈퍼우먼 신드롬, 슈퍼우먼 능력 과시 등은 점점 여성에게 과중한 짐이 되고 역부족인 현상들이 나타나고 있다. 자녀를 낳고 키우는 가정 역할과 직업 활동은 생각보다 녹녹치 않아 여성들은 두 개의 역할을 저울질하다 결국 'We can do it!'에 'but…'을 추가하면서 가능성을 조절하기 시작했다. 여성들이 사용한 이중 역할의 조정은 가정 역할을 축소하기 위한 저출산 계획이었다. 이러한 현상은 여성 고유 역할인 임신과 출산에 대한 사회적 지원이 미흡한 노동시장과 사회구조가 주요 원인이다. 생물학적 성적 차이를 고려하지 않는 사회구조적인 남녀평등의 해석으로 여성들은 'We can do it!'이 아닌 'You can do it!'만을 강요받고 있다. 여성들만이 담당하는 임신과 출산, 남성들만이 부여받은 국방의 의무를 고려한 성적평등을 위해서는 평등의 의미와 가치에 대한 사회적 합의를 이루는 선행적 논의가 필요하다. 그러나 평등은 의미 자체가 상당히 포괄적이고 대상과 대상자의 사회 환경적 요인에 따라 해석이 달라진다. 일반적으로 사회구조나 노동시장에서 논하는 남녀평등은 노동조건의 평등이나 지위와 역할평등을 의미하기 때문에 임신, 출산과 같은 생물학적 특징이 배제되어 있어 여성 고유 역할에 대한 상대적 보상이 있어야만 어느 정도 평등을 이룰 수 있다. 그러나 이러한 여성들의 이중적 특성을 배려한 정책이 미흡하므로 오늘날 여성들은 사회적 여성성과 생물학적 여성성의 합에서 우선 역할을 결정해야 하는 딜레마에 빠져 있다. 여성내부에 큰 자리를 차지하고 있는 본능적 모성성이 교육과 사회적 경험으로 형성된 자아의식과 갈등을 빚고 있다. 그러므로 오늘날 여성들은 남성에 반하는 차별적 대우에 대한 고민보다는 이중 역할의 우선 가치 결정에 대한 자기 갈등에 더 힘들어 하고 있다. 이는 여성들이 여성이라는 성적 역할보다는 인간이라는 존재 개체로서의 가치를 기반으로 자아를 보는 능력을 갖추었기 때문이다. 이러한 고민에 대해 오늘날 대부분 여성들은 생물학적 여성성을 축소하는 결론으로 딜레마에서 빠져나오고 있다. 현대 여성들은 결혼이나 자녀출산으로 얻어지는 가정에서의 지위에 민감하지 않다. 오히려 타인에 의해 주어지는 정체성보다는 독립적인 존재 가치를 고민하고 사회적 개체로서의 자아를 더 중시하고 있다. 모성성이 전부였던 전통사회 여성들과는 다르게 모성성은 정체성을 형성하는 다양한 요인 중 하나일 뿐이다. 이제는 'We can do it.'을 외치면서 슈퍼우먼의 힘을 발휘하려는 여성들이 많지 않다.

여성내부의 의식 변화는 새로운 여성 이미지를 만들어 가고 있으며 이러한 변화와 함께 이제는 여성을 바라보는 객관적 시각과 여성을 평가하는 사회적 기준이 함께 변화되어야 한다. 현대 여성들은 존재 가치에 대한 확고한 신념과 자신에 대한 자존감이 생물학적 여성성의 가치를 더욱 돋보이게 할 수 있다는 것을 잘 인지하고 있다. 모성 역할에 대한 국가적 지지가 마련된다면 이러한 여성들의 당당함은 모성성을 외면하지 않는 진정한 슈퍼우먼이 되는 근원적인 힘으로 발전할 것이다.

2/
자기감정에
충실해진 여성들

　팝 아트에 많이 등장하는 이미지 중 하나는 여성들의 자기감정표현이다. 감정을 억제하고 감정표현을 숨기는 것을 여성의 성숙된 이미지로 평가했던 시대는 이미 지나갔다. 팝 아트가 표현하고 있는 여성의 희로애락은 매우 사실적이다. 이러한 여성들의 감정표현을 주제로 많은 그림을 그린 대표적인 화가로 로이 리히텐슈타인을 들 수 있다. '행복한 눈물'을 비롯한 그의 그림들은 특히 여성들의 사랑에 대한 감정을 너무나도 사실적으로 표현하여 팝 아트의 특성을 부각시켰다. 때론 이미지도 부족하여 말풍선을 사용하여 언어표현까지 동반하고 있

---

*) 저작권 문제로 작품을 싣지 못했습니다. 작품을 먼저 찾아보고 글을 읽으면 더 큰 공감을 느낄 수 있습니다.

다. 사랑의 표현은 자기감정에 충실한 가치로 변화되어 사랑이 깨진 아픔을 감추기보다는 눈물을 뚝뚝 흘리면서 실컷 슬퍼할 줄도 알고, 그 슬픔을 세상에 드러내고 있다. 또한 사랑을 통해 느끼는 행복감도 남몰래 혼자 즐기는 것이 아니라 세상 사람들에게 알리고, 함께 기뻐해 달라고 요구하고 있다. 또한 이성을 그리워하는 마음도 혼자 애달파하기보다는 명확한 감정으로 표현함으로써 자신을 그대로 드러내고 있다. 자신의 감정을 그대로 드러낼 줄 아는 것은 삶의 가치관이 뚜렷하여 타인의 비판에서 자유로울 때 가능한 것이다.

점점 대담해지는 여성들의 표현이 조금은 과하게 느껴질 수도 있다. 그동안 여성들의 감정표현 억제에 대한 사회규범적 영향이 너무 강하게 존재하였기 때문이기도 하고, 익숙했던 이미지와 다른 것에 대한 거부감일 수도 있다. 그러나 여성들의 주체 인식변화와 더불어 대중예술의 기능이 다양해지면서 에로틱한 사랑 표현이나 몸의 표현들이 점점 더 과감해지고 있다. 이러한 변화는 몸의 주인은 타인이 아닌 나라는 인식이 팽배해지면서 종종 사회규범과 충돌이 되곤 하지만, 저속한 성적 유혹이 아닌 행위적 예술과 팝 아트라는 새로운 장르를 만들었다. 새로운 예술에 대한 수용으로 그 가치를 인정하는 관객 호응도 여성들의 자기표현에 주요한 촉진제가 되고 있다. 예컨대, 여성의 몸과 감정 표현은 단순히 상업적이거나 통속적이 아닌 인간 본연의 감정과 욕구를 표현함으로써 진솔한 인간 존재를 드러내는 하나의 방법이라는 것에 대한 사회적 합의가 이루어지고 있다. 이러한 변화는 타인의 삶에 종속되는 삶이 아닌 주체적인 자아로 세상이 나를 향해 있다는 여성들의 인식 개혁에서 비롯된 것이다. 운명에 휘둘리면서 타의적 삶을 살았던 여성들이 현대에 와서는 주어진 삶을 자기 것으로 개척해 가고 있는 진정한 슈퍼우먼으로 변화되고 있다. 이제 여성의 강인함은 자신에 대한 강인함이지, 타인과의 경쟁, 특히 남성과의 비교에서 상대적으로 요구되고 수용해야 하는 슈퍼우먼의 강인함은 더 이상 아니다.

에필로그

이 책을 통해서 우리가 감상한 이브부터 현대 여성에 이르는 다양한 여성의 이미지에는 늘 남성의 그림자가 깊게 드리워져 있었다. 이는 정치, 종교, 사회 인습, 문화 규범 그리고 사회 코드에 이르기까지 사회 전체를 점령한 남성 권력의 헤게모니 구조 안에서 여성의 이미지가 해석되어 왔기 때문이다.

기나긴 역사 속에서 끊임없이 일어났던 여러 가지 사회 변화는 때론 남성의 권력을 강화하기도 했고 때론 여성의 지위에 무심하기도 했지만, 변화의 여정 속에서 정치적 종교적 전략과 철학적 사유의 발전으로 조금씩이나마 여성들 마음속 깊숙이 잠재되어 있던 주체 의식을 깨우는 단초를 마련하였다. 이를 계기로 여성의 지위가 미비하게나마 회복되었다. 여성의 젠더적 가치가 재조명되고 있을 뿐 아니라 간혹 차별에 눈을 뜬 여성들의 반발과 저항은 새로운 남녀의 대립구조를 예고하기도 했다. 이러한 일련의 갈등을 통해 이제 여성의 새로운 이미지는 차별이 아닌 차이에 근거해야 한다는 사회적 합의를 이루어 가고 있다.

아담의 외로운 모습이 안쓰러워 만들어진 이브의 종속성보다는 아담의 남성성과 이브의 여성성이 서로를 위해 평등하게 존재하여 마치 브랑쿠시의 입맞춤을 하는 사랑하는 남녀가 보여 준 성별 조화와 미를 완성할 수 있는 여성의 이미지를 기대해 본다.